货币权力

货币创造
如何影响经济可持续发展

［英］安·佩蒂弗（Ann Pettifor） 著
远读重洋 译

THE PRODUCTION
OF MONEY

中信出版集团｜北京

图书在版编目（CIP）数据

货币权力：货币创造如何影响经济可持续发展 /（英）安·佩蒂弗著；远读重洋译. -- 北京：中信出版社，2022.2
书名原文：The Production of Money: How to Break the Power of Bankers
ISBN 978-7-5217-3669-4

I. ①货… II. ①安… ②远… III. ①货币理论－研究 IV. ① F820

中国版本图书馆 CIP 数据核字（2021）第 212333 号

The Production of Money by Ann Pettifor.
ISBN: 978-1-78663-136-7
Copyright © 2017 by Ann Pettifor.
All rights reserved.
Simplified Chinese translation copyright © 2022 by CITIC Press Corporation.
All Rights Reserved.
本书仅限中国大陆地区发行销售

货币权力——货币创造如何影响经济可持续发展
著者：[英] 安·佩蒂弗
译者：远读重洋
出版发行：中信出版集团股份有限公司
（北京市朝阳区惠新东街甲 4 号富盛大厦 2 座 邮编 100029）
承印者：北京诚信伟业印刷有限公司

开本：787mm×1092mm 1/16	印张：14.5	字数：140 千字
版次：2022 年 2 月第 1 版	印次：2022 年 2 月第 1 次印刷	
京权图字：01-2020-0261	书号：ISBN 978-7-5217-3669-4	
	定价：59.00 元	

版权所有·侵权必究
如有印刷、装订问题，本公司负责调换。
服务热线：400-600-8099
投稿邮箱：author@citicpub.com

前言

我在2006年春季写了一本小书,书名是《第一次世界债务危机即将到来》(*The Coming First World Debt Crisis*)。写这本书是为了给那些信奉金融自由,借起钱来就像明天是世界末日一样毫无节制的人一个警告。我担心的是,由于大众普遍对全球金融部门活动毫无了解,以及经济学界本身似乎并不理解货币、银行业务和债务问题的本质,所以在下一场经济危机到来的时候,普通投资者依旧会像在梦游一样毫不知情。

当时,我并不赞成出版商确定的书名,因为我相信在2006年9月这本书出版的时候,危机肯定已经到来了,而不是书名所说的"即将到来"。不过,在那时危机真的来了吗?事实证明,我错得多么离谱,出版商否定我的决定是多么正确。与此同时,我对于金融体系的分析引来了一些刻薄的评论,而这些评论我也不得不接受。我在2006年8月29日撰写的一篇《卫报》(*Guardian*)专栏文章中提出,2005年夏,佛罗里达州和加利福尼亚州的房屋销售数量下降，这是美国次贷危机的预警；而且与当时黎巴嫩的危机相比，美国信贷/债务危机对我们所产生的影响要大得多。"小鸡卡利[①]！"人们在网络上大吼着。鲍勃多尼（Bobdoney）——我怀疑是伦敦金融城的一位交易员——添油加醋地评论：

> 下个星期，佩蒂弗会在文章中写道，一个直径约为1.6千米的小行星，它恰好刚刚与范·艾伦（Van Allen）辐射带[②]上的一只蝴蝶相撞，而且就在现在，当我吃着黄瓜三明治，喝着今天的第三杯茶时，它正排除万难朝它的方向前进，将于2016年8月29日下午2点30分抵达格里姆斯比（Grimsby）海岸的最终目的地。
> 砰！

距离鲍勃多尼发表评论已经过去10多年了，而且在金融危机爆发后，就再也没有听说过他的消息。

危机爆发

2007年8月9日，我记得那天阳光明媚，当时报道称同业拆

[①] 小鸡卡利，是一个欧洲民间故事的主人公，经常宣称："天要塌下来了！"以表现出对毁灭性灾难的错误信念。这里讽刺作者危言耸听。——译者注
[②] 范·艾伦辐射带，指在地球附近的近层宇宙空间中包围着地球的高能粒子辐射带。——译者注

借已经冻结。银行家知道他们的同行破产了，无法履行还债义务。那时我天真地相信朋友会得到这个信息，希望那些警告过危机会发生的少数人，将得到经济学界的声援，然而却是徒然。除了《金融时报》（Financial Times）的读者，当然还有一些金融领域的投机者，很少有其他人注意到这一点。

在一年后的2008年9月，当雷曼兄弟（Lehman Brothers）破产时，公众开始意识到国际金融体系已经崩溃。但那时已经太晚了，整个世界正处于金融崩溃的边缘，情况非常危险。银行客户担心无法从自动柜员机（ATM机）中提取现金，这种担忧不无道理。雷曼兄弟倒闭后的星期三，太平洋投资管理公司（PIMCO）首席执行官（CEO）穆罕默德·埃里安（Mohamed El-Erian）让他的妻子去ATM机取现金，越多越好。当妻子问他为什么时，他说是因为担心美国银行可能会关门大吉。[1]蓝筹工业公司呼吁美国财政部给出一个说法，解释一下为何蓝筹工业公司自身从财政部融资也会遇到麻烦。在那危机四伏的几周里，我们经历了一场可怕的经济实验，而且这场实验几乎没有成功。

在这样的背景下，政策制定者、政治家和评论员对危机没有做出一致的回应，也就并不意外了。政治领域的很多左翼人士也同样感到震惊。像大多数经济学家一样，他们对金融部门似乎一无所知，金融部门就是他们的盲区。相反，他们关注的是现实世界的经济学——税收、市场、国际贸易、国际货币基金组织（IMF）和世界银行、就业政策、环境和公共部门。而很少有人注意到的是，私人金融部门不受任何监管，悄无声息地进行肆无忌惮的扩张活动。因此,在整个左翼群体中(除去明显的例外),以及一些相关右翼人士中,很少有人对这次危机的原因进行正确分析,更不要说需要制定哪些政策来重新获得对货币体系这一公共产品的控制权了。

银行家也开始慌了,急切地寻求以税收为后盾的紧急资金救助,甚至为此不惜低头了一瞬间,但也只是一瞬间而已。紧急救助之后,政治家面临着巨大的政策真空。以时任英国首相戈登·布朗(Gordon Brown)为首的八国集团(G8)的政治家,首先在国际层面达成合作以稳定全球金融体系。但这种国际合作与协调,所能达到的刺激效果迅速消失。在全球范围内,政治家和政策制定者要么纷纷回避,要么再次提起稳定局势的正统政策,尤其是财政整顿。正如纳奥米·克莱恩(Naomi Klein)所警告的那样,许多金融领域人士很快就将这场危机看作一个机会,一个全球金融体系加强对民选政府和市场控制的机会。稍有犹豫之后,他们抓住了这个机会,这与大部分左翼人士或社会民主党派形成了鲜明对比。

国际金融体系并没有发生根本性的变化。巴塞尔银行监管委员会采取了危机后的改革措施,但并没有建议对国际金融体系进行结构性改革。新自由主义,作为占主导地位的经济模式,遍布世界各地。保罗·梅森(Paul Mason)在2009年写了一本名为《金融大崩溃》(Meltdown)的书,副书名是"贪婪时代的终结"(The End of the Age of Greed)。他错得实在太离谱了。现在距离2007年经济衰退已经过去10多年了,而不平等使社会两极分化严重,世界被寡头垄断，寡头贪婪地积累着肮脏的财富。经济崩溃的最初阶段告一段落，但全球金融危机还没有结束。相反，它已经从震中区的英美经济体，转移到了欧元区，现在则集中于所谓的"新兴市场"。私人银行家和其他金融机构疯狂买进中央银行家发行的廉价债券，并反过来从企业、家庭和个人身上收取高额的贷款利息。

承担后果的却是西方经济体的公众。2016年，英国数百万人公开抗议，支持右翼民粹主义。公众希望这些"坚强的男人和女人"能够保护他们，不受强硬新自由主义政策的影响，这些政策旨在推动金融、贸易和劳动力在全球市场的自由发展。

持续的金融危机带来的后果

金融和科技领域的一小部分精英，继续获得巨额财务收益，与此同时，国际劳工组织估计全球至少有2亿人失业。在欧洲一些国家，每一秒都有年轻人失业。中东和北非处在政治、宗教和军事动荡的旋涡中，是全球青年失业率最高的地区。即使英国等经济体的就业机会在增加，这种就业也是一种不稳定的自由职业、兼职、零时工合同类的就业，收入充满不确定性。未来将由机器人替代，人类劳动力将被淘汰，这种警告比比皆是。其实这个愿景被吹捧过度了，实际上制造机器人所必需的金属矿藏（包括锡、钽、钨和钽铁矿）不是无限供应的，而且提取这些矿物要排放的废料物质也不会无限制排放。况且，这种需要做大量工作才能将化石燃料转变为经济效益，同时却不能为数百万人提供有意义的工作的事情，几乎不会被排上大多数国家的政策议程。要是有，政治家也会要求这项议程的实施能带来全面、高薪和熟练的就业。

麦肯锡全球研究院的数据显示，虽然全球GDP仅为77万亿美元，但自2007年以来，全球金融资产已增长至225万亿美元。由于信贷市场监管薄弱，全球债务负担会持续增加。2015年，全球债务余额占GDP的286%，而2007年为269%。[2] 全球数百万劳工已连续7年没有加薪。小型和大型企业均面临价格下跌，接着是利润下降和破产的问题。"紧缩经济局面"正在压垮欧洲南部经济体，并抑制其他地区的需求和经济活动。在美国，大约有1/3的成年人，约有7 600万人，要么"挣扎求存"，要么"勉强过活"。[3]

然而，得益于以纳税人税收为后盾的政府担保、廉价资金以及仅针对金融业的中央银行的其他慷慨援助，对于食利者（银行家、影子银行家和其他金融机构）来说，生意比平时反而更好。对于新的全球寡头——苹果、微软、优步和亚马逊等大公司来说，这也有利于它们从垄断性的高价租赁活动中获利。

这些寡头及其他排名前1%的公司，据说"囤积"了约9 450亿美元的现金，而所有美国公司加起来只持有约1.84万亿美元的现金。这些现金与企业借贷相比，黯然失色，不值一提。2017年，美国公司已经有6.6万亿美元的债务。[4] 据彭博社报道，2015年公司债务达到息税折旧摊销前利润（EBITDA）的3倍，创下12年来的新高。仅在2015年，公司负债就上涨了8 500亿美元，是标准普尔估算的现金增幅的50倍。预计1/3的公司无法产生足够的投资回报来弥补借贷资金的高成本。这给很多小型企业带来了破产的风险。它们的债权人可能对此并不关心，但从某种意义上来说，与家庭债务人不同，公司债务人很可能会再次引爆整个金融体系。

全球金融"煤矿"中还有其他金丝雀①，它们都在警告全球相互关联的金融体系可能会再次发生危机。最可怕的是通货紧缩：人们几乎不了解它所带来的威胁。尽管通货紧缩的威胁没有得到政治家和经济学家的严肃对待，但它在欧洲和日本已经成为一种现象。

西方政治家和金融评论员都对价格下跌的消息表示欢迎。2015年5月，英国在半个多世纪以来首次正式陷入通货紧缩的境地，时任英国财政大臣乔治·奥斯本（George Osborne）表示"适度的通货紧缩对家庭来说是个好消息"。他担心的是"没有能打破价格和工资下降循环的手段"。[5]在英国的政治经济机构中，没有人愿意承认价格下跌是世界经济放缓的结果，特别是这显示了对劳动力、资金、商品和服务需求的疲软。相反，大多数主流经济学家还认为通货紧缩只是消费者推迟购买的一个标志！

最大的担忧在于通货紧缩会增加债务，提高利率。随着全球金融体系价格普遍下跌，工资和利润会下降，企业将倒闭。同时，

---

① 17世纪，英国矿井工人发现，金丝雀对瓦斯这种气体十分敏感，空气中哪怕有微量的瓦斯，金丝雀也会停止"歌唱"。浓度超过一定限度时，金丝雀就会中毒身亡。在当时采矿设备简陋的情况下，工人每次下井会带一只金丝雀，作为瓦斯检测标准，向人们提示危险信号，这就是金丝雀现象。——译者注

"相对于价格和工资来说，现有债务的价值会不可避免地在无形中增加"。即使名义利率可能很低，为负值或是保持不动，债务成本（利率）也会上升。只有在名义利率更负的情况下，实际利率才有可能真正为负——对于那些中央银行家来说，这种局面在政治层面难以维持。

简单来说，就是对于负债过重的全球经济来说，通货紧缩构成了一个真正可怕的威胁。

但是，我和其他许多人担心的是，为了解决另一个全球相互关联的金融危机，中央银行家已经使用了所有他们能用的政策工具。在英国和美国，在2007—2009年危机后，中央银行的利率从大约5%下降到近乎为零的水平。通过从资本市场购买或借出金融和公司资产（证券），并对卖方账户进行贷记，中央银行大规模扩大了其资产负债表。通过这种方式，美联储为其资产负债表增加了4.5万亿美元。与英国GDP相比，英国央行的资产负债表比以往任何时候都更为庞大。尽管量化宽松政策可能已经稳定了金融体系，但它使房地产等资产的价值膨胀，整体而言，这些资产绝大部分属于更富有的人。如此一来，量化宽松加剧了不平等，也造成了与之相关的政治和社会的不稳定。因此，进一步扩大量化宽松可能在政治上不可行。

即使放松货币政策，由于各国政府同时收紧财政政策，经济复苏也会停滞或放缓。政府受到主流经济学界、中央银行家以及IMF和经济合作与发展组织（OECD）等全球机构的"紧缩"战略的鼓舞，而这些机构又都受到西方媒体的声援。结果不难预测：

全球经济已经负债累累，还要面临持续的经济疲软和叠加的衰退的威胁。尤其是在欧洲，复苏经济所面临的情况，比20世纪30年代大萧条时期还要糟糕，那时各国要恢复到危机前的就业、收入和经济活动水平，所需的时间比这次要少得多。

正如我写的那样，"紧缩"情绪已经改变。金融体系的波动、债务紧缩的威胁、全球经济增长放缓以及西方政治民粹主义的兴起，使得全球机构感到恐慌。为了应对这些恐慌，金融机构的态度突然发生重大转变，彻底改变了对于财政整顿的建议。IMF在2016年5月的一份报告中，质疑新自由主义是否被过度吹嘘了。OECD在2016年多次向政策制定者发出警告，要求其"立即行动！遵守承诺"，并扩大公共开支和投资。2016年6月，OECD提出了一个合理的判断："货币政策本身不能摆脱低增长的陷阱，并且可能会使政府负担过重。财政空间会因低利率而得到释放。"各国政府被督促要利用"公共投资来支持增长"。[6] 但是，这些把态度转变为财政扩张的组织，可能会头撞南墙，失望而归，因为听到这些意见的是美国国会和支持新自由主义的财政部长，如德国的沃尔夫冈·朔伊布勒（Wolfgang Schäuble）、芬兰的亚历山大·斯图布（Alexander Stubb）或英国的乔治·奥斯本。"紧缩"观念旨在压缩和私有化公共部门，其与自由市场原教旨主义紧密结合，如今深深植根于西方政府之中，可悲的是，政治家和决策者都无力采取行动。

无奈之下，一些中央银行（欧洲中央银行和瑞士、瑞典、日本的中央银行）越过了零利率的雷池，使得利率为负值。这意味着，贷款人要向中央银行支付资金，才能换取在中央银行存放资金（以贷款形式）的特权。这既标志着货币体系的崩溃，也引发了投资者的恐慌，因为金融波动迫使他们寻找唯一的"避风港"，一个他们现在认为能保证自己资本安全的"避风港"——主权国家政府债务。

要做的是什么

那么，要稳定全球金融体系，恢复就业、政治稳定和社会正义，我们应该采取哪些行动呢？

首先，我们需要让更多的公众理解货币的来源以及金融体系的运作方式。遗憾的是，许多进步的主流经济学家严重忽视了这些经济领域，而这无疑是颇受金融业欢迎的，为其操控提供便利的盲点。本书试图简化与货币、金融和经济相关的关键概念，并使它们更容易被大众理解，特别是女性和社会责任者。本书是我之前一本书《公正的货币》（Just Money）的扩展，这个主题并不容易写，我希望能以更清晰的表达来为这个主题增加更多更好的内容。不过，我会坚持下去的，因为我相信只有公众对货币、信贷、银行业和金融体系运作有了更广泛的了解，社会才会真正发生重大变化。

其次，将银行家和政治家引发的公众愤怒，引导成一种进步和积极的态度。不过遗憾的是，右翼分子更能有效地将公众的愤怒转变为对移民、寻求庇护者和其他特殊人群的指责。此外，同样令人担忧的是，所谓的左翼分子由于对银行家的愤怒，提倡采用新古典经济政策来解决危机。本书还讨论了一些关于银行体系"改革"的建议。这些建议包括：银行部分准备金制度、货币供应国家化和追求平衡预算。这些政策起源于芝加哥学派以及弗里德里希·哈耶克（Friedrich Hayek）和米尔顿·弗里德曼（Milton Friedman）。它们会对劳动力人口和那些依赖政府福利的人口造成毁灭性影响。那些民间社会组织虽然是出于善意，但采取的方法是有缺陷的，在我看来，这些方法将很多左翼人士带入了思想上的死胡同，而本书将对这些方法发起挑战。

挑战经济学专业

公众对货币、银行业务和债务感到非常困惑，部分原因在于，经济学专家总体上远离了金融体系，拒绝了解或教授这些课题，并且傲慢地指责是其他人（包括政治家和消费者）造成了金融危机。作为这种傲慢的证据，斯蒂夫·基恩（Steve Keen）教授在《经济学的真相》（*Debunking Economics*）一书中，引用了美联储前主席本·伯南克（Ben Bernanke）在经济危机时所说的话："最近的金融危机更多的是经济工程和经济管理的失败，而不是我所谓的经济科学的失败。"[7]

这位专业的"经济科学家"（以及许多左翼人士），也系统地忽视或低估了约翰·梅纳德·凯恩斯（John Maynard Keynes）的天才理论和政策——这些理论和政策本可以避免2007—2009年的危机。相反,"凯恩斯主义"政策被嘲笑为"支出和税收",尽管凯恩斯的主要关注点是货币政策(货币流通、货币供应和利率的管理)。他关心的是预防危机,而不是治愈危机,毕竟他的伟大作品题为《就业、利息和货币通论》(*The General Theory of Employment, Interest and Money*)。然而,这并不意味着他不重视将财政政策(支出和税收)作为治愈危机的一部分。他只是希望货币政策得以良好地运行,以确保就业和繁荣,以及预防危机。因为凯恩斯的货币理论极具价值,所以本书借鉴并大量引用了他的政策,虽然其仍被经济学界视为禁忌。

凯恩斯是一位聪明博学的英国人,在我心里唯一能与他相提并论的就是查尔斯·达尔文(Charles Darwin)。两个人都具有革命性,并为各自致力研究的领域带来了更深刻的见解,这也使得许多他们的同时代人和同龄人感到不适。他们都遇到了极大的阻力,这一点从美国有些学校仍然坚持神创论就可以看出;[8] 还有所有大学院系,甚至凯恩斯自己的母校剑桥大学,都恢复了古典经济学。

我认为,未能巩固凯恩斯对货币体系的透彻理解,导致正统经济学家(以及许多政治阶层)陷入了非理性地否定之中,正如反对达尔文主义的"创造论"一样。我将会证明,忽视凯恩斯的代价是极为高昂的,这会导致数百万人失业和贫穷,反复发生金融和经济危机,极端的不平等,社会和政治动荡,甚至是战争。即便现实如此,这种对凯恩斯主义的忽视也应该是意料之中的,因为凯恩斯毫不留情,坚持要让金融部门服从于更广泛的社会利益,并且他还是"食利者的安乐死"活动的积极支持者。他认为追求金钱本身是"有点令人厌恶的病态，这是一种让精神疾病专家都不寒而栗的半犯罪、半病态倾向"。[9]

凯恩斯在金融部门和经济部门中树敌众多，所以也难怪他们反对他的理论，并让新自由主义的"创造论"在大学和经济部门里占主导地位。

所以，尽管凯恩斯去世后，世界发生了很多变化，但他对货币体系基本面的理解仍然很重要，而且仍然可以指导做出合理的决策。此外，在我看来，采用凯恩斯的货币理论和相关政策，对恢复经济和环境的稳定以及恢复社会的正义来说都至关重要。

那么，除了对金融体系有更广泛的理解，还要做些什么来恢复经济繁荣、金融稳定和社会正义呢？

我认为，答案可以归结为一条：将离岸资本引回境内。

对于一个受监管的民主体制来说，管理一个金融体系，不仅仅是为了移动的、全球化的少数人的利益，而且是为了人民整体的利益。这就要求通过资本管制的方式将离岸资本引回境内。只有这样，中央银行才有可能对利率进行管理，并在各种贷款中保持低的利率水平——这对任何经济的健康和繁荣都是至关重要的。正如我在本书后面解释的，对于有毒物质排放和生态系统的管理来说，这样做也是必不可少的。只有这样，才能对信贷创造进行管理，并对不可持续的消费和债务的增加进行限制。只有这样，才能执行民主决策的税收规则，并管理逃税。民主决策（税收、养老金、刑事司法、利率等）需要界限和边界。无边界的国家无法强制执行税收政策，也无法就哪些公民应该有资格领取养老金达成一致，也无法惩罚犯罪分子。但全球许多金融家都憎恨边界的限制，也憎恨受监管的民主体制。

一些勇敢的经济学家包括丹尼·罗德里克（Dani Rodrik）教授和凯文·P.加拉格尔（Kevin P. Gallagher），多年来都坚持认为，国家应该有权管理资本流动。最近他们之中也加入了一些正统经济学家，其中包括备受尊敬的埃莱娜·雷伊（Hélène Rey）教授，她认为宏观审慎工具的手段里不应排除资本管制。现实情况是，他们的声音已经被淹没，被来自华尔街和伦敦金融城的金融家的有效游说所淹没。与此同时，资本管制的论点并未得到左翼或社会民主党派的支持。相反，大多数社会民主政府都接受并强化了一种超全球化的经济形式。

将全球资本收回境内，将导致全球货币秩序的转变。只有这样，我们才有希望从两极分化严重的、危机重重的不平等世界，恢复到一个稳定、繁荣和充满社会正义的世界。只有这样，我们才有希望迎接气候变化的挑战。

目录

第 1 章
信贷权力

货币体系的管理 007

健全的银行体系的价值 008

存款是信贷的结果,而不是前提 009

"强盗贵族"的角色 012

反对监管民主 012

第 2 章
货币的创造

伯南克打破了禁忌 020

货币:交换商品和服务的手段 021

好消息是:投资不需要储蓄 025

2014 年：英国央行重申了货币理论 029

什么是纸币和硬币 031

私人借款人控制货币供应 032

银行和破产 034

放松监管的金融体系以及流动性 036

信贷创造和歌德的"魔法师的学徒" 038

通货膨胀和通货紧缩 040

私人货币的财富依赖于公共资源 041

第 3 章
货币的"价格"

货币体系的发展就是对付高利贷的过程 049

新自由主义时代的高实际利率 054

撒切尔主义和"强盗贵族"的回归 055

撒切尔主义在 2007—2009 年经济危机达到高潮 057

利率如何由私人商业银行家"决定" 061

当局如何影响利率 062

利率作为武器 066

第 4 章
我们陷入的混乱

"国家没有资金来源" 072
通货紧缩——因为"没有钱" 074
金融危机、经济紧缩以及民主的幻灭 077
公共部门：终极借款人 080
乘数的魔力 080
由纳税人支撑的私人银行体系 081
商业银行无法提供贷款 083
央行官员、政治家和金融部门 084

第 5 章
阶级利益与经济学派的塑造

英国央行的启示 095
凯恩斯和遗漏之罪 096
凯恩斯的货币理论 100
正统经济学、凯恩斯主义和经济大萧条 101
现在这个时代 104
今天的凯恩斯 108

第 6 章
应该剥夺银行创造货币的权力吗

主权货币运动 111

货币改革运动的目标 114

"重新审视芝加哥计划" 117

货币的过量和稀缺 121

高利贷的利率 123

是借款人,而不是银行家,决定了货币供应 125

私人部门赤字不能为经济活动提供资金 128

货币应该或可以没有利息吗 130

货币只是流通吗 132

比特币的疯狂 133

信贷、消费和生态系统 136

"人民的量化宽松"和"直升机撒钱" 137

"人民的量化宽松"提案会削弱民主权力 142

特朗普和"直升机撒钱":经济、社会和政治后果 143

问题不在于量化宽松这条腰带,而在于消瘦的经济 145

从金融市场中夺回权力 149

第 7 章
驯服金融，恢复民主

管理货币的生产：宏观审慎工具 158

管理货币的价格：货币政策 160

紧缩导致安全资产短缺 164

当今诡异的全球经济利率 165

管理流动资本：国际层面 167

关闭投机、流动资本的大门 171

民主政治自治 172

消除金融对一国货币的控制 173

英国脱欧以及国际合作和协调的需要 173

让金融服务于实体经济的一系列政策 177

第 8 章
我们可以尽己所能做些什么

致谢 191

参考文献 193

推荐阅读书目 205

信贷权力

> 现代金融对普通人来说一般都是难以理解的……很多银行家和监管者对此的理解水平也并没有高到哪里去。它可能是被故意设计成这样的。就像童话故事里的狼一样："一切都是为了欺骗你。"
>
> 萨蒂亚吉特·达斯（Satyajit Das）
> 《交易员、枪和钞票》（*Traders, Guns and Money*），2010年

> 金融必须是社会和工业部门的仆人，而且是聪明的仆人，而不是愚蠢的主人。
>
> 英国工党全国执行委员会
> 《充分就业和财政政策》，1944年6月

现如今，全球金融部门对整个社会，特别是对政府、产业和劳工行使着超凡的权力。金融市场的参与者主导着经济决

策，破坏民主决策，并决定了几乎所有经济部门（除了与宗教相关的组织）的融资服务。金融家可以通过从债务中获取租金（利息）来赚取巨大的资本收益，也可以从现有资产中毫不费力地获得租金，如土地、房产、自然资源（水、电）垄断、森林、艺术品、赛马、品牌和公司等。正如迈克尔·赫德森（Michael Hudson）写的，"金融部门的目标不是尽量减少道路、电力、交通、水或教育的成本，而是最大限度地发挥垄断租金的作用"。[1]

华尔街和其他金融中心的银行家以及对冲基金，都通过削弱金融监管来削弱民主体制，其中包括为削减资本利得税和改变累进税制而游说。金融家利用资本流动将境外资本收益转移到巴拿马、英国伦敦、美国特拉华州、卢森堡、瑞士和英国海外领地。事实上，全球金融部门以绝对的优势获胜。它成功地征服并有效掠夺了政府及其纳税人，使其服从于不受约束和不负责任的金融家和金融市场的利益。

剑桥大学社会学家杰弗里·英厄姆（Geoffrey Ingham）将这个部门现在掌握的权力描述为"专制"。[2]

遗憾的是，由于金融部门高度不透明，再加上它本身刻意模糊其活动，所以，对于如何创造货币，信用和债务在经济中如何发挥作用，银行业以及金融和货币体系如何运作，人们普遍不太了解。大多数正统经济学家都错了，因为他们中许多人在大学课程和经济活动的分析中都忽视了货币、债务和银行体系。用一位匿名的国际经济学家的话来说，货币或信用是"第三重要的事情"。大多数经济学家（包括"古典"、"新古典"和许多被认为是"凯恩斯主义者"的经济学家）把货币视为经济交易的"中介"或仅仅是交易的"面纱"。他们认为银行家只是储蓄者和借款人之间的中间人，利率是对货币需求和货币供应做出回应的"自然"利率。由于对货币和银行业存在盲点，大多数主流经济学家都没有正确预测或分析2007—2009年的金融危机，这也就不足为奇了。同样令人担忧的是，货币体系所管理的正是金融行业的利益，而专家对与经济融资有关的基本问题的无视，意味着我们一直以来都忽视了关于金融的"专制权力"的讨论。有人认为这种忽视不是偶然的。毕竟，正是这种忽视，使全球金融资本得到蓬勃发展，而丝毫不受学术或公众密切监督的影响。

但这种忽视也导致了严重的误解。其中最严重的误解便是，公众长年累月反复指责，中央银行的"印钞"导致了通货膨胀。虽然中央银行确实对货币的价值及价值的维持负有责任，但它们不负责"印制"国家的货币。正如英国央行行长默文·金（Mervyn King）曾经的解释："私人商业银行体系'印制'了95%的广义货币（任何形式的货币，包括银行存款或其他存款以及纸币和硬币），而央行发行的货币只占约5%或更少。"[①][3] 在一个缺少监管的体系中，拥有通过经济活动来分配或阻止融资权力的，恰恰是私人商业银行。[4] 然而，新自由主义经济学家在很大程度上忽视了

---

① 通常情况下，银行体系负责提供95%的广义货币供应量，我们只提供剩下的5%。但非常特别的是，在过去几年中，银行体系一直在收缩其货币供应量。而由于我们提供的货币供应量比例只占5%，所以这一部分的增量必须是巨大的，才能抵销银行那一部分的收缩。

私人货币的"印制",并将注意力瞄准了政府和国家支持的中央银行家,还经常指责他们引起了通货膨胀。对于私人银行的货币创造与通货膨胀之间的关系,货币主义者是不清楚的,这在某种程度上解释了,为什么撒切尔夫人的经济顾问发现自己无法控制通货膨胀。[5]原因在于,他们只聚焦了公共货币供应——政府支出和借贷。货币主义经济学家同时还主导对私人商业银行的贷款标准解除管制。这种解除管制使得银行家开始了一波放贷狂潮,反过来又推动了通货膨胀。这就是为什么撒切尔夫人在上任第一年之时,通货膨胀率达到21.9%。只有在她执政的第四年,通货膨胀率才低于她上任时的水平,紧接着才是严重的紧缩情况。正如威廉·基冈(William Keegan)的解释:"失灵的(货币主义)经济学说不仅导致了通货膨胀率上升,而且也导致英国经济受到严重挤压,失业率不断上升。"[6]

对私人信用创造的盲点,属于某种意识形态的一部分,这种意识形态认为,公共的便是坏的,私人的便是好的。有人认为,"自由的、竞争性的市场"既是无形的,也是无责任的,他们认为这可以用来管理全球金融部门和全球经济。这种想法不仅来自对自由市场近乎宗教般的信仰,而且也来自对民主监管国家的蔑视——20世纪80年代撒切尔和里根政府以及此后当选的政治家,他们的支持者对这种蔑视毫不避讳,甚至大肆宣扬。

货币体系的管理

尽管"凭空创造货币"是一个有意思的事情，甚至对很多人来说颇为新鲜，但我认为，重要的不是金融本身，而是对凯恩斯所谓的"货币的弹性生产"的管理或控制。在某些货币体系中，商业银行在实体经济中的融资放贷，被用于生产性的、能创造就业的活动中，这种货币体系是不应被妨碍的。事实上，在风险评估、提供融资方案并理顺融资流程这些方面，商业银行发挥着关键作用。在管理债务人与银行之间的无数社会关系，以及评估银行潜在借款人的风险方面，银行职员也能发挥重要作用。虽然我并不反对银行国有化，但大官僚机构的公务员，并不适合每个工作日在银行做贷款申请和风险评估的工作。我想我们的公务员能执行更好的职能，而不是去评估琼斯太太申请的抵押贷款、史密斯先生申请的汽车贷款，以及一家街角商店申请的可透支额度。

然而，私人商业银行家拥有的自己制定"价格"（利率）和分配融资的权力，是一种不容小觑的权力。这种权力，由公共基础设施（中央银行、法律制度和公共税收制度）赋予和支持。因此，这种权力必须受到公共责任机构认真严格的监管，以使其不会变得"专制独裁"。当局应确保以可持续利率的方式，公平地部署融资或信贷，以实现合理的、负担得起的经济活动，而不是支持风险高且往往是有系统性风险的投机活动。最重要的是，社会赋予银行的巨大权力——"凭空创造货币"的权力——不应该被它们用来中饱私囊。银行也不应该使用零售客户的存款或贷款,来作为银行自身借款和投机的抵押品。这都是常识,而且我们应该让民主社会对银行进行监管。

健全的银行体系的价值

虽然这在某些圈子中有争议,但我认为,货币和金融体系是人类社会最伟大的文化和经济成就之一。一个完善的货币和银行体系里的货币创造,首先是在佛罗伦萨,然后是在荷兰,最后是在英国于1694年建立的英格兰银行里被创造出来,这可以被视为伟大的文明进步。由于这些健全的货币体系的发展,私人企业或公共事业不再出现资金短缺的问题。大胆的冒险者不需要依靠有钱有权的"强盗贵族"来进行融资。相反,银行家根据借款人的可信度来发放贷款,这使得更大范围的私人企业家和公共企业家能获得更多的资金,而不仅仅是那些有权有势的群体。逐渐发展的新兴货币和金融体系,不仅使融资渠道更大众化了,同时还降低了贷款的"价格"或利率。结果就是,对于创造经济活动及就业方面的融资,不会出现资金短缺的问题。所以,对于今天那些生活在拥有健全、发达货币体系的社会中的人来说,永远有足够的资金来解决能源不安全和气候变化等问题,解决人类的深重苦难,比如贫穷、疾病和不平等,保障人类的繁荣和幸福,资助艺术和更广泛的文化发展,确保生态系统的"宜居性"。

我们面临的真正短缺,首先便是人类能力的限制:个人、社会和集体的正直程度有限，想象力、智力、身体组织和肌肉也有限。其次是生态系统的物理限制。这些都是真实存在的限制。然而，能创造货币，也能维持信任的社会关系，在一个管理完善的货币体系中，是不应缺少的。

在健全的金融体系内，我们可以负担得起我们能做的事。货币能使我们在有限的自然和人力资源内尽力做到能做的事。这是因为货币或信贷并不像许多人认为的那样，是经济活动的结果。就像我们信用卡上的支出一样，货币创造了经济活动。

存款是信贷的结果，而不是前提

当年轻人离开学校，找到工作，并在月底赚取收入时，他们错误地认为他们的新收入是工作或经济活动的结果。这导致人们普遍认为货币是作为经济活动的结果而存在的。事实上，除了极少数的情况，当银行发放贷款，并将其作为新资金存入公司账户时，经济活动便启动了。这可能是银行在透支自己，来支付年轻人在第一份工作中获得的工资。如年轻人所愿，他们的就业创造了额外的经济活动（如他们帮助生产和销售了一些产品），而这又产生了收入和存款，这些收入和存款被用来减少透支、偿还债务和支付工资。

在管理良好的金融体系中，货币提供了催化剂，为创新、生产活动及新增工作岗位提供了融资。在管理良好的经济体中，货币被投资于生产性而非投机性的经济活动。在一个稳定的体系中，经济活动（投资、就业）产生可用于偿还原始贷款的利润、工资和收入。

当然，对于被称为"货币"的这种社会结构的"弹性生产"，我们必须加以约束。这是因为银行家和他们的客户，一方面既能触发通货膨胀，另一方面也能触发通货紧缩。当银行家创造更多的信贷/债务，超出了一个经济体可以有效利用的程度时，可能会导致"太多的钱追逐太少的货物或服务"，即通货膨胀。同样，私人银行体系也能够收缩信贷数量。这减少了广义货币供应量，从而紧缩了经济活动和就业。如果银行体系受到权威机构的适当监管，并且它运作的出发点是为整个经济的利益考虑，那么它永远能为健全的生产活动提供足够的资金。

这就是为什么健全的银行和现代货币体系，就像卫生设施、清洁的空气和水一样，可以成为一个伟大的"公共产品"。正如我在下面解释的那样，它们可以用来确保稳定和繁荣、促进发展，并为生态的可持续性提供资金。如果监管不当，银行体系可能会对社会、政治、经济和生态造成致命性破坏，就像许多低收入国家发生的那样。银行家和其他贷款人（包括小额贷款人），可能会收取高额的信贷利息，最终导致贷款无法偿还。银行家和金融家，通过利用他们的专制权力来抑制经济中的信贷或融资，可能会导致经济活动收缩，造成工资和物价下跌，引发失业和社会灾难。如果让其胡作非为，银行和金融体系将对社会和生态系统产生灾难性的影响。如果监管不当，金融体系可能会侵占和伤害社会的民主制度。

我们正生活在一个灾难性的时代，在这个时代，金融部门肆意扩张，大多数金融家几乎与实体经济的商品和服务生产没有直接关系。管制的放松使得金融部门能够自食其力，并使其活动脱离实体经济。实体经济中的生产者、制造者和创造者，周期性地被"容易获得但利息很高的货币"所淹没，并且经常缺乏可负担得起的资金。自20世纪70年代的"自由化"政策以来，这种不稳定导致了越来越频繁的经济危机，并导致了自2007—2009年金融危机以来的长期衰退。

许多低收入国家受到管理不善和管理不足的金融体系的困扰，因此缺乏商业和生产资金，同时缺乏重要的公共服务。造成这种现象的部分原因在于它们缺乏必要的公共机构（例如健全的中央银行、可信的刑事司法体系和受监管的会计专家），以及支撑金融部门合理运作的政策（包括税收政策）。如果没有中央银行、监管体系和税收体系，没有健全的会计制度，没有执行合同和防止欺诈的司法制度，货币和银行体系是无法良好运转的。但是，尽管鼓励低收入国家开放资本和交易市场并引入私人财富，在努力建立健全的公共机构和政策以管理其货币和税收制度时，它们还是遇到了重重障碍。最重要的是，在规范私人银行以合理的利率来发放信贷（"把它留给市场"）方面，以及规范金融部门管理资金在经济中的进出流动方面，它们都面临着重重困难。

"强盗贵族"的角色

在监管机构和监管制度薄弱的国家,企业家不得不向那些通过正当手段或违规手段获得财富或资本的人寻求融资。贫穷国家的政府,转向IMF和世界银行等机构以及国际资本市场,来获得国际硬通货。对国内和国际的"强盗贵族"的依赖,导致钱很贵("利息很高")。这些钱要么是由那些有权以稳定货币创造信贷的强大外国债权人提供的,要么是由那些有储蓄或盈余的个人或公司以高实际利率出借的——这个利率往往超过投资的收入或回报率。如果借入的是外币,那么汇率的波动,使得贷款成本既可能增加也可能降低。但波动性对有前途的企业来说,是一种威胁。由于需要借入外币,贫穷国家想要创新的话可能会受到阻碍,失业率和不充分就业率将继续居高不下,贫困问题可能会变得更加根深蒂固。

然而情况不一定非得是这样。货币体系和金融市场与实体经济、社会关系、价值观和需求的纽带已经被割断。这在很大程度上是因为货币体系已经被富有的精英所掌控,这些精英在监管机构和民选政治家的勾结下破坏了社会的民主体制,现在又以自己狭隘和不正当的利益为出发点来管理金融体系。

反对监管民主

在对金融领域感兴趣的正统经济学家中,大多数人反对为了整个社会的利益而管理和调节金融体系。他们有意无意地为债权人的利益行事，他们为"容易"（不受管制）但"昂贵"（高的实际利率）的信贷做辩护。我将证明，这是社会和生态系统最糟糕的组合，因为不断升高的实际利率，要求投资、劳动力和地球有限资产的回报率也要同时不断地升高。

大多数正统经济学家对于国家也有种病态的厌恶之情，他们指责政府寻租，却忽视私人部门的寻租。就在2008年10月，时任美联储主席艾伦·格林斯潘（Alan Greenspan）在亨利·韦克斯曼（Henry Waxman）主持的国会委员会的交叉审查下，明确了正统观点。[7]主持人提醒格林斯潘先生，他曾经说过，"我确实有意识形态。我的判断是，自由竞争的市场是目前组织经济的无与伦比的方式。我们已经尝试过监管，这并不奏效"。格林斯潘后来解释说："我竟然发现模型中存在一个缺陷，这个模型我把它理解为关键功能结构，它定义了世界是如何运作的，可以这么说……因为我在40年甚至更长时间里，看到数量非常可观的证据表明它运行得异常良好，所以这正是我感到震惊的原因。"

在此期间，由于受到格林斯潘和其他人士普遍赞同的正统经济观点的影响，西方国家政府把市场化当作"组织经济运行的无与伦比的方式"。"宽松管理""外包""全球化"和其他政策变化都受到了热烈欢迎，这些政策都无比有效地将货币体系对公共事业的控制权转移到了私人财富中。

正统派承认了私人银行家和金融家的两大权力：第一，是在缺乏有效的监督或监管的情况下，创造、定价和管理信贷的权力；

第二，是在监管机构看不见的情况下，"管理"跨境国际金融流动的权力。通过上述这种转变，民主的和负责任的监管机构将对经济的有效控制，包括就业、福利和收入的控制，都交给了管制不足的、不负责任的金融市场。

这种金融权力的移交是暗中进行的。关于将权力从公共的、负责任的监管机构转移到私人利益方面，几乎没有公开的或学术的讨论。相反，如果自我调节失败，公众将被反复灌输那些陈词滥调，让大家对市场"监管"金融部门的能力放心。我们被告知，市场竞争将消除作弊和欺诈行为。

结果是完全可预测的。私人金融部门里的个人和公司创造了史无前例的资本收益和犯罪收益。他们从该部门以外的人那里榨取了大量财富。而从事生产活动的人遭受了产量下降和失业。自由化在20世纪70年代取得成功后，随着利润相对于早期有下降，全球失业率上升，工资占GDP的比重下降，不平等问题爆发，全球私人债务扩大并超过了全球收入。肯·罗格夫（Ken Rogoff）教授和卡门·莱因哈特（Carmen Reinhart）教授表明，金融危机频繁发生（见图1.1）。

公众对银行体系、民主体制和其他公共机构的信任和信心减弱，这种信任和信心减弱的原因不难理解。经济权力从公共机构转移到富有的精英，这使得重要的金融家超越了法律、监管者或政治家的管辖范围。这种民主力量的丧失扼杀了民主机构——议会和国会，而"私有化"削弱了受民主监督的整个经济部门。

经济学界和大学袖手旁观，而巨大的权力集中在一小部分肆意妄为的金融家手中。学术型经济学家倾向于关注微观经济问题，忽视宏观经济。直到今天，学术经济学专业仍然与危机脱节，并且几乎无法提出危机的解决方案。政界人士和媒体都对金融部门的活动感到茫然和困惑。吉莲·邰蒂（Gillian Tett）是少数敢于探索和挑战国际金融家和债权人世界的记者之一，她指责"社会沉默"……导致公众认为复杂信贷的运作过于无趣、无关紧要或过于技术性，以至于无法吸引外界的兴趣，如记者和政治家。[8]

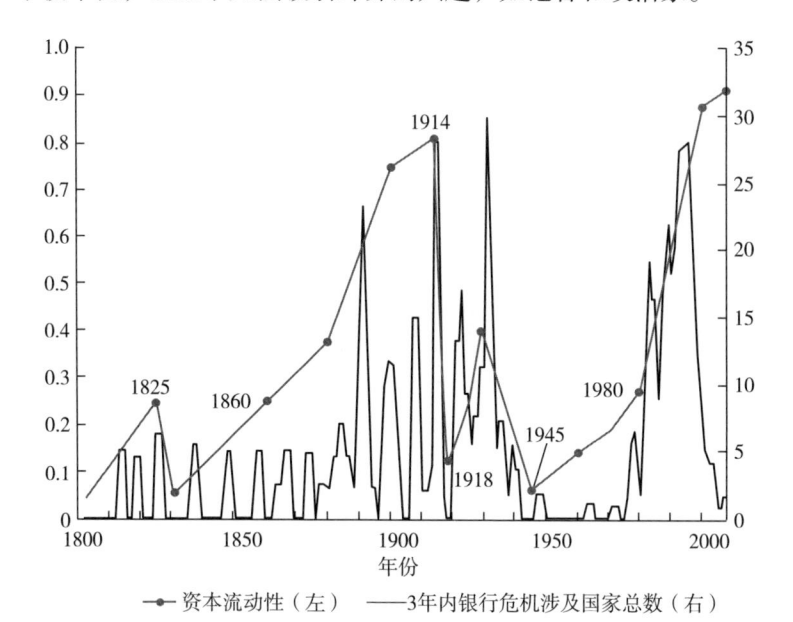

图 1.1 金融自由化后高资本流动时期的金融危机

资料来源：*This Time is Different: A Panoramic View of Eight Centuries of Financial Crises* by Carmen M. Reinhart, University of Maryland and NBER; and Kenneth S. Rogoff, Harvard University and NBER.

正是这种"社会沉默"，使得公众对经济危机感到措手不及，总体上他们对金融体系的运作及其操作一无所知。

放松金融管制的经验表明,与民主监管绝缘的资本主义,会导致寻租、犯罪和大宗腐败。正如卡尔·波兰尼(Karl Polanyi)在其著名的《大转型》(*The Great Transformation*)一书中所预言的那样,即使盲目抵制显得不合理,社会也在对"由劳动、土地和货币组成的自我调节市场"或市场原教旨主义进行抵制。[9]

正如20世纪20年代和30年代那样,社会正在向专制领导者的方向发展,人们盲目地相信他们的新"主人"将保护他们不受"愚蠢的主人"的侵害,1944年英国工党确定的"愚蠢的主人"是解除管制的全球化金融。

第 2 章

货币的创造

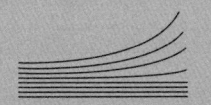

信用是经济工作中经常提到的购买力，因为它是货币的主要属性之一，正如我试图证明的那样，信贷和信用本身就是货币。信用，而不是黄金或白银，是所有人寻求的一种财产，对其的收购是所有商业的目的和目标。毫无疑问，信用远远比现金古老。

米切尔·英尼斯（Mitchell Innes）
《何为货币？》（*What Is Money?*），1913年5月

这个概念是由亚当·斯密（Adam Smith）提出的：一个国家的财富不是由货币价值衡量的，而是由其生产商品和服务的能力来衡量的。

安德里亚·特尔齐（Andrea Terzi）
新经济思维研究所（INET）会议，2015年4月

伯南克打破了禁忌

那天是2009年3月15日。就在几个月前,投资银行雷曼兄弟的破产导致了金融混乱,2007—2009年全球金融危机处于最初阶段。但2009年3月15日这一天发生了史无前例的事情,伯南克作为时任美联储主席首次接受美国记者的采访,记者是斯科特·佩利(Scott Pelly),节目是哥伦比亚广播公司著名的《60分钟》。

在采访前一天,美联储(世界上最强大的中央银行)在日常的货币操作中采取了一些特殊的措施。委员会同意向美国国际集团(American International Group,简写为AIG)贷款850亿美元,这是家保险公司,根本不是银行,也不应该在美联储有账户。在格林斯潘和伯南克两位主席的注视下,AIG在62万亿美元的信贷违约掉期市场中积累了(在某些情况下具有欺诈性的)超额负债。伯南克向佩利解释说,美联储为AIG提供的850亿美元救助(这是向AIG发放的几笔贷款中的一笔)是防止全球金融部门系统性失灵的一项短期紧急措施。

但是佩利对这一切感到困惑,并提出了以下问题。美联储从哪里找到了这笔钱?这850亿美元是不是税款?"不,"伯南克坚定地说,"这不是税款。银行在美联储有账户,就像你在商业银行有账户一样。所以,要借钱给一家银行,我们只需使用电脑来标记调节它们与美联储之间借贷账户的大小。"总额达850亿美元的资金,用数字表示,有9个"0"——85 000 000 000美元,在所有11个数字被简单地输入美联储计算机之后,这笔钱瞬间转移到

AIG的账户上。

虽然AIG涉及的资金数额非比寻常，但将数字输入电脑并将款项转入借款人的银行账户，这个行为并不起眼。正如伯南克明确指出的那样，这是商业银行家每天都会做的事，每次他们在银行账户中存入个人或商业贷款都是这样做的。此外，早在1694年英国央行成立之前，私人商业银行家一直在做这些事情（起初不是通过在计算机键盘上敲数字，而是用钢笔记入分类账）。

这是一项重大的权力。一个银行家要想行使这项权力，必须有社会纳税人和公共资助机构的支持。因此，这项权力的行使必须为整个社会的利益而考虑，而不仅仅是出于对富人既得利益的考虑。

货币：交换商品和服务的手段

虽然正统或新古典经济学家在设计经济模型时很少关注作为"中介"的货币，但他们还是认为货币与商品类似。他们认为，货币是有形资产或稀缺商品的代表，如黄金或白银。与任何商品（如玉米）一样，正统观点中的货币可以被搁置或保存、积累，然后被借出。储户把他们拥有的盈余借给借款人，银行家仅仅是储户和借款人之间的中介。

尽管一些机构（储蓄银行、信用社、旧时的英国建筑协会和今天的众筹）收集储蓄并将其出借，但在1694年英国央行成立之前，商业银行家并没有充当借款人和储户，以及"耐心的"借款人和"不耐心的"贷款人之间的"中间人"。

此外,由于新古典经济学家认为货币具有稀缺价值(如黄金或白银),所以他们理论化地将货币视为市场力量,就好像货币的"价格"——利率,是反映货币的需求和供应关系的结果。许多人认为,像商品一样,货币或储蓄可以变得稀缺。

但是,货币并不像商品,并且像卡尔·波兰尼所说的那样,将其定义为商品是在创造一种"虚假商品"。[1]相反,随着发达经济体中健全货币体系的发展,永远都有足够的资金来满足社会最紧迫的需求,不会出现资金短缺的问题。那么,相关的问题在于:谁控制着货币的创造?创造货币到底是为了什么?

正统或新古典主义,与现代凯恩斯主义或明斯基主义[①],对货币和利息的本质的理解中间有着巨大的鸿沟,其差距不亚于16世纪托勒密与哥白尼对宇宙概念的理解的差异。"古典"经济学家一直在大学内占主导地位,所以要缩小这样的知识差距几乎是不可能的。他们在金融机构中尤其具有影响力,其理论大受欢迎。这些机构很久以前就把一些货币理论边缘化了,例如,伟大的苏格兰经济学家约翰·劳(John Law,1671—1729)的理论,他在1705年简洁地解释了货币的本质。其后是亨利·桑顿(Henry Thornton,1760—1815)和亨利·邓宁·麦克劳德(Henry Dunning MacLeod,1821—1902)。凯恩斯(1883—1946)以这些理论为基础,为官员和政治家制定了切实可行的政策。然而,即使是当

---

① 由美国经济学家海曼·明斯基(Hyman Minsky,1919—1996)提出。

时主流的正统经济学家，也发现他的货币理论和政策颇具挑战性，正如约瑟夫·熊彼特（Joseph Schumpeter）在《经济分析史》（*History of Economic Analysis*）中所说的那样：

> 要让经济学家认识到银行贷款和银行投资确实能创造存款，这被证明是极其困难的……即使是在1930年，那时大多数人转换了观点并理所当然地接受了这一学说，凯恩斯认为在一定程度上还是有必要重新阐述和捍卫它……并且对于其中一些最重要的方面，甚至现在也不能说已经得到了充分理解。[2]

一小部分杰出的经济学家明白，货币作为发达货币体系的一部分，并不是，也从来不是以商品的形式出现的。相反，货币和利率都是社会建构的一部分：社会关系和社会分工主要是，也最终是以信任为基础。我们称为"货币"的东西有其原始的信任基础。"信用"（credit）一词来源于拉丁词"信条"（credo）——我相信（I believe），"我相信你会付钱，或许是现在，或许是在未来某个时间点偿还我"。货币和它的"价格"——利率，成为该信任和承诺的标尺。也可以说，如果缺乏信任，货币和利率则是信任缺乏程度的标尺。如果银行家不完全信任客户会偿还，他们会要求更多的抵押或更高的利息支付。

正如约翰·劳在1705年的著名论断中所表示的那样，在上述观点下，货币不是我们交换商品和服务的目的，而是我们进行这种交换的手段。[3]

要理解这一点，可以想想你的信用卡。信用卡用户在开始花钱之前，大多数账户上都没有钱。一切只是与银行家的社会契约：对银行家承诺或有义务，在未来的某个时间以约定的利率偿还由于你的信用卡消费而产生的债务。因为用货币购买不像以货易货，所以当你在信用卡上花费了"货币"时，你不会用这张卡来交换你购买的产品。是的，卡会留在你的钱包里。而信用卡及其所依赖的信用，让你有权购买产品或服务。这是你获得购买力的手段。

在卡上的支出是"无中生有的"支出。无形的"信用"无非就是银行和零售商相信，卡的所有者和他的银行会遵守协议来还款。因此，信用和货币就是一种基于信任的社会关系，这种信任是进行交易的人之间的信任：银行家与其客户之间，买方和卖方之间，债务人和债权人之间。货币不会是，也从来不是像卡片、石油或黄金这样的商品——尽管硬币和纸币像信用卡一样被当作信用的便利工具，供个人之间从事交易。因此，如果一个客户从银行家那里获得比其他大多数人更多的信任，他将获得黄金卡或白金卡。如果银行家不相信客户的支付能力，客户将不会被授予信用卡，或可能被授予一张额度非常低的卡。结果就是，该客户将失去购买力。

信誉、相信和信任，即某人可以被评估为可靠和诚实的，且他们提出的支出或投资都是合理的，这是所有货币交易的核心。没有信任，货币体系将崩溃，交易将枯竭。

好消息是：投资不需要储蓄

发达的货币经济有一个这样的奇迹：对于资产购买或投资来说，储蓄并不是必要的。那些需要投资资产的企业家或个人，不需要依赖个人提供的、存在储蓄银行里或藏在床垫下的资金。相反，他们可以从私人商业银行获得融资。这种发达货币经济中金融的可用性，与贫穷、欠发达的非货币经济形成鲜明对比，在后者中，储蓄是唯一的投资资金来源，而且必然无法满足社会最紧迫的需求。

经济学家安德里亚·特尔齐很好地解释了货币经济与非货币经济之间的区别：

> 当人们像储蓄玉米一样储蓄真正的商品时，储蓄的决定完全是个人问题：如果你已经获得了一定数量的玉米，那么只要你开心，你可以随意消耗它、存储它或浪费它，只要你不直接影响其他人的玉米消费。只有当你决定把它借出去时，你才会与他人建立关系。
>
> 在货币经济中，储蓄不是一件任何人可以独立拥有的实物，如玉米、黄金、珍稀邮票。与非货币经济相反，在货币经济中，储蓄是一种以金融债权的形式与他人建立关系的行为。
>
> 与玉米等商品不同，金融储蓄总是表现为金融关系，因为它只作为一种对他人的债权而存在，形式是纸币、银行存款或

其他金融资产。个人储蓄是一个经济单位对另一个经济单位的债权,任何储蓄变化都会导致"储蓄者"与其他经济单位之间的关系发生变化。这不会出现在仅显示总价值的国家账目上。

如果我们通过缩小个别单位并考虑单位之间和部门之间的相互关系来看储蓄,我们发现每一分钱都必须对应于相同规模的债务。纸币是中央银行的债务,银行存款是银行的债务,政府证券是政府的债务,公司债券是私人公司的债务,等等。这意味着当我们讨论金融储蓄时,我们也在讨论债务问题。每一分钱都是别人的债务……每一分钱都是别人的欠款。

在货币经济中,储蓄不提供资金,它们需要资金。[4]

总而言之:在货币经济中,与积累过剩的玉米然后将其借出的业务相比,储蓄是截然不同的经济活动。玉米可以在不影响其他人的情况下得到保存。然而,经济中以货币为基础的储蓄总会"影响他人",因为它始终是一种与他人建立金融关系的行为——一种债务。债务可以是资产或负债的形式,例如,当中央银行向私人银行发行美元票据时,中央银行有责任(义务)将该票据的价值交付给申请它的银行。然后私人银行拥有一项资产(美元票据),同时也欠中央银行一些东西(负债)。商业银行在客户账户中存入资金时,有义务向申请贷款的人发放资金(有时以现金形式)。借款人拥有资产以及存入的资金,同时还有负债以及还款责任等。这就是债务所有者和资产所有者之间的借贷关系，是货币经济的基础，这种借贷关系同时产生了投资、就业和各种有用以及重要活动所需的收入和储蓄。

当然，这些货币关系必须被谨慎管理，以确保它们不会变得不平衡、不公平或不稳定。所借的钱不能有高昂的、不可支付的实际利率。最重要的是，必须管理信贷创造，以确保贷款不会变成无法偿还的债务。管理这些关系的关键，是保持从事金融交易的人之间的关系的平衡。换句话说，就是要保持债务人和债权人之间的公平，不仅要确保经济繁荣，还要确保经济稳定。如果管理得当，这些借款，即货币体系内的社会关系，可以提供社会所需的所有资金；如果管理得当，那么社会最紧急的项目就不会出现资金短缺的问题；如果管理得当，债务不会因高利率而加剧，并且不会超过借款人、经济体系或生态系统的偿还能力。

如果一个经济体的储蓄扩张了，那么债务的扩张也是必要的。当债务超过偿还能力时，它就会成为个人、企业和整个经济的负担。为了避免债务的剥削性，必须对商业银行家施加两个条件。首先，贷款利率应始终保持在低水平，以确保借款人能够还款（详细请参阅第3章）。其次，贷款应该用于那些被评判为是生产性的、并可能创造就业和收入的活动。在理想情况下，应该劝阻或禁止为投机活动提供贷款。银行家要询问贷款申请人的问题中应该包括：是否将债务创造的融资用于创造就业和其他会产生收入的活动？是否将金融债权用于生产性和可持续性的活动？如果借款用途符合这些标准，则这些借款不可能成为借款人的负担，并且随着时间的推移将被偿还。

如上所述，借款减少意味着流通中的货币减少，因此储蓄减少。在适当的时候，这种可用货币的缩减将以物价下跌、工资和收入下降的形式体现，换句话说，信贷紧缩意味着通货紧缩的压力。物价下跌会压缩利润并引发破产，从而可能导致失业。失业者借贷和支出的可能性更小，这意味着国家的收入又进一步收缩。

在上述经济萧条的情况下，需要做的是，政府通过发行债务来创造资金或储蓄，这些债务将被投资于新的生产商品或服务的项目，从而创造就业机会。这些活动将带来私人收入以及税收，可以用来偿还公共债务。

正如安德里亚·特尔齐所写的，储蓄需要资金来资助，而在私人部门疲软的时候，资助储蓄的最佳方式是让政府或私人银行发行新的债务。

总结一下：所有货币最初的创造或产生，都是通过信用（或债务）的方式。随着健全的、管理良好的货币体系的发展，对于可持续性的创收活动所需的融资或信贷，无须进行限制。正如凯恩斯所主张的那样，我们创造的（价格），自己也可以承受。[5]信用体系使我们能够在人类本身、经济体系和生态系统资源强加的物理限制内，做我们能做的事情。

这是一个好消息：一个发达的货币体系可以为非常大的项目提供资金，这些项目的融资远超过经济体储存在个人储钱罐或其他机构中的总储蓄。这意味着，建立在健全货币体系基础上的社会，可以"负担得起"免费的教育和卫生体系，可以资助艺术和国防，可以解决疾病问题，并在金融危机中拯救银行。虽然让经济发展摆脱对化石燃料的依赖，我们缺乏足够的物质和人力资源，但社会要想进行紧迫而巨大的变革，来确保地球环境仍然适宜人类居住，永远不缺财务关系，即各个机构和个人之间的借贷关系。但是，如果一个货币体系不受管理和经营，而是基于少数人的利益运行，那么它可能会对经济、政治和环境造成灾难性的影响。

2014年：英国央行重申了货币理论

为了肯定约翰·劳、亨利·桑顿、亨利·邓宁·麦克劳德、凯恩斯、舒马赫、加尔布雷斯和海曼·明斯基等经济学家的理论，并确认伯南克的观点，英国央行在其2014年1月的季刊上，发表了两篇关于货币性质的文章。[6]这些文章让货币改革者喜出望外，但许多主流经济学家却对此漠不关心。

世界银行的经济学家明确表示，现代经济中的大部分资金，都是由提供贷款的私人商业银行"印制"的，并非由中央银行创造。换句话说，几乎所有的流通货币都是作为私人银行体系中的信贷或债务而产生的。世界银行的工作人员解释说，与其说是银行作为中介机构借出它们收到的存款，不如说是借贷行为本身创造了存款或银行的货币，同时也创造了一种债务。当然，这些银行资金实际上并不是由私人银行印制的，只有中央银行才有法定权力印钞和铸币。贷款产生的货币——银行存款，只是通过数字化的方式从一个私人银行账户转移到另一个银行账户中去了。其存在的唯一证据是印在银行对账单上的数字。在所创造的总金额中，通常只有很小比例通过纸币和硬币或其他现金的形式转换为了有形货币。

对于在货币经济中运作的私人商业银行家而言，要提供借款，所考虑的因素不是现有多少可用的储蓄，而是借款人的财务可行性，即他的项目、他的抵押品以及评估项目是否会产生收入，以便他可以偿还贷款或债务。

英国央行证实，在货币经济中，货币乘数（银行必须持有的储蓄与贷款的比例）是对贷款过程的一种并不正确的说明。银行贷款不受"准备金"的限制。银行持有的准备金等于其贷款的一小部分，即"银行部分准备金制度"的假设是错的。银行"准备金"并不是我们所理解的储蓄。它们是央行许可的仅供银行使用的资源（类似透支）。它们的作用，在于促进每天结束时在银行之间结算存款和负债的"清算"过程。央行准备金永远不会通过银行体系进入实体经济。尽管央行准备金可能有助于释放银行和其他相关金融机构的资产负债表，但它们不能用于借贷给银行业以外的公司或个人。

相反，正如伯南克所解释的那样，私人银行家，无论是正规银行体系还是"影子银行"部门，抑或是信贷创造不受监管监督的新开发的金融部门，它们创造的信贷都被当作货币使用。它们通过将数字输入计算机并获得在特定时间以特定利率偿还的承诺，从而"无中生有"。首先，它们获得抵押物（如房产或其他资产）作为抵押，避免承担它们在创造货币时所承担的责任。其次，它们同意借款人的利率和还款期限，然后通过合同来对此加上法律效力。最后，银行家将数字输入计算机或分类账，并将贷款存入借款人的银行账户。

这笔新的货币或信贷被称为"银行货币"。其质量、可接受性和有效性仅仅是因为它促成交易的能力。这几乎是毫不费力的活动，也引来了凯恩斯的著名问题："所以……如果银行可以创造信贷，那么为什么它们要拒绝任何合理的要求？为什么它们只做了一点点或什么都没做，就要收取费用？"[7]

什么是纸币和硬币

虽然在放松监管的体系中，银行创造信贷的能力总体上不受限制，但银行家也有不能做的事情：他们没有获得发行纸币和硬币作为法定货币的许可。只有公众支持的中央银行，才能发行国家的法定有形货币，比如纸币和硬币。因此，如果乔安娜申请一笔30万英镑的抵押贷款，并且需要3 000英镑的现金，商业银行必须向央行申请她希望取出的纸币和硬币。余下的29.7万英镑信贷以无形银行资金形式发放，通过银行转账以数字方式存入乔安娜的账户中。

央行目前并没有对提供给私人商业银行用来满足贷款申请的现金加以限制，理解这一点非常重要（不过，也有"禁止"现金的举措,稍后再讨论)。事实上,央行根据私人商业银行的需求来提供现金,但不限制商业银行创造的现金、银行票据和信贷。

虽然对现金的需求正在下降,但在长期繁荣期间,信贷需求加速了,而中央银行家对此却视而不见。他们没有对创造的信贷数量进行限制,也没有就发放信贷的质量,即私人信用的用途,向私人银行家提供指导。所以银行家不仅可以自由地向生产性创收活动放贷,还可以向不一定产生稳定收入的高风险投机性活动放贷。

私人借款人控制货币供应

当然,贷款业务不仅仅是在银行账户中存入一笔贷款。借款人(和贷款人)必须保持诚实。借款人必须提供足够的抵押品,并且为了保证其可靠性,签署一份合法和可执行的合同,以保证在给定期限内以一定的利率,即贷款的"价格",偿还贷款。反过来,银行家也必须遵守以既定的固定利率或浮动利率提供贷款或存款。

不言而喻,借款是一个双向过程。触发贷款的是借款人,而不是商业银行家(尽管银行家可能提供诱惑)。贷款申请人可以是个人、街角商店或全球公司。一旦提出申请,银行家或债权人就会进行风险评估,从而同意或阻止贷款申请。只有借款人提供担保品和协议,银行家才会同意延长贷款。(尽管通过信用卡放贷并不要求提供抵押品,但谨慎的银行家应该在发放信用卡之前仔细评估客户的未来收入流，并且所有银行家都通过收取卡上非常高的利率来弥补抵押品缺失的不足。）

当然，事实上，所有银行家，包括中央银行家在内，都会影响货币供应。他们通过提高贷款成本和阻碍借款来减少货币供应，或通过放宽贷款条件、鼓励借贷来扩大货币供应。在所有情况下，私人商业银行家有权批准或拒绝贷款申请。私人商业银行家通过同意或拒绝贷款申请，在决定增加或减少投资、经济活动和就业方面拥有了巨大权力。

尽管银行家对经济会产生重大影响，但他们要创造信贷或银行货币，还是要依赖于实体经济中借款人行使的（得到许可的）借款权利。因此，国家的货币供应可以被描述为一个自下而上的过程。银行家依靠借款人提供抵押品申请贷款，然后他们才能以银行票据或银行存款的形式来发放贷款。经济上货币供应的扩张（或收缩）依赖于借款人。如果借款人对自己的还款能力或经济健康发展缺乏信心，他们将退缩，并且总体上货币供应量将收缩。如果借款人有信心，他们可能会冒风险去借款。如果他们情绪高涨，并相信价格上涨的炒作，他们甚至可能会肆无忌惮地借钱。他们的借款，总体而言，将扩大货币供应量。

通过这种方式，政府和其他机构可以抑制贷款需求，或者可以帮助营造一种自信、乐观或狂热的气氛来鼓励借贷，并借此提供储蓄和货币。但是，公共机构实际上无法控制货币供应量，这还是取决于国家的借款人。

银行和破产

有读者问，如果银行家可以凭空创造信贷，他们怎么会破产呢？答案就是银行很容易破产，尤其是如果长期以来，他们没有注意到资产负债表上的负债的话。

当一位银行家引导客户做出偿还贷款的承诺并为客户创造信贷时，这会立即成为银行资产负债表上的贷款资产和存款负债。贷款是一项资产，因为随着时间的推移，它将为银行赚取利息。存款是一种负债，因为如果存款人提取存款以支付给另一家银行，那么这家银行必须立即将款项存入客户或存款人的账户中。（时间管理是银行经理的核心能力。）

如上所述，银行或贷款人必须谨慎管理资产和负债，以确保在存款人希望提取存款时有资金可用。商业银行通过在每次创建存款时从中央银行体系获得准备金来实现这一点。这些准备金用于清算和结算同业间的金融交易。整个银行体系必须管理金融交易，并确保支付款项与收到款项的银行之间的支票和其他付款单能得到清算。

这是任何经济体的中央银行所发挥的关键作用，例如英国央行、美联储或日本央行。中央银行通过在这些银行的储备账户之间转移中央银行的资金（准备金）、向付款银行的账户进行借记、在收款银行的账户进行贷记，来解决银行之间的付款问题。

在正常情况下，这些付款相互抵销，在一天结束时只需要用少量央行准备金来结算。但银行家可能会遇到困难，情况不会一直保持顺利。如果由于管理不善，银行发现其负债开始超过其资产，那么没有多少央行准备金可以帮助它：它正面临破产。如果公众得到银行面临困难的风声，那么银行就会发生挤兑现象，存款会被迅速取出，负债开始上升。请记住，大多数持牌银行的客户存款都达到了国家规定的特定限额，因此存款总体上是受保护的。

直到最近，商业银行才被禁止将它们的贷款和存款（商业银行业务）武器与它们更具投机性的投资武器混合在一起。那是在1999年，时任总统克林顿根据拉里·萨默斯（Larry Summers）教授和时任财政部部长罗伯特·鲁宾（Robert Rubin）等知名经济学家的建议，废除了美国的《格拉斯-斯蒂格尔法案》（Glass-Steagall Act, 1933）。世界各地的其他财政部部长和中央银行家，很快就跟随了克林顿总统的脚步。然后，全球金融机构的商业银行家，就自由地将其银行持有的政府担保零售存款与自己的借款（通常用于投机目的）联系起来。由于这两类银行业务如此紧密地结合在一起，私人银行家借出的用于投机的借款，使所有使用银行体系的人，都面临着银行投资部门的个人交易员所承担的风险。这使整个经济暴露于重大或系统性的风险、代价和损失之中。

这种肆意妄为加剧了2007—2009年的全球金融危机，当时大多数大银行都面临破产的威胁。它们被纳税人支持的政府所援助，几乎没有受到指责，也没有几个"条款和条件"来约束它们。到目前为止，没有一个银行家因为其在2007—2009年引发全球金融危机，而被监禁，或者被追究刑事责任，也没有人承认自己做出的任何错误行为。就算是被罚款,对于社会由于金融的失败和错误行为所承担的代价来说,这点罚款根本不值一提。在英国央行中负责金融稳定的安迪·霍尔丹(Andy Haldane)曾说过,即使银行家想要赔偿社会承担的损失,"很明显,银行也根本没有足够的资金来支付这笔账单"。[8]

尽管纳税人支持的中央银行实施了大规模的救助计划,但我仍然认为,即使在我2016年写这本书的时候,全球银行仍然无力偿还债务。政府担保、廉价融资和量化宽松,再加上对资产负债表的操纵,似乎都横亘在今天银行的"大而不倒"和破产之间。

放松监管的金融体系以及流动性

在放松监管的金融体系下,尽管经历了2007—2009年的金融危机,但商业银行家还是可以肆无忌惮地创造信贷或流动资产(可以轻而易举地转化为现金的资产),并且几乎没有监管限制。中央银行和监管机构不再限制货币创造的目的。至于创造的信贷是用于投机,还是用于有目标的、有生产力的、有创收的投资,它们基本漠不关心。而且由于投机在短期内可能更有利可图(想一想中彩票的人),许多投资者更喜欢从投机中获得资本收益,而不是靠稳健的生产性投资来获得缓慢收益。

中央银行家的漠视和忽视,以及由此产生的不受监管的金融体系,鼓励了不断扩大的"影子银行体系"中的金融家,去创造或"证券化"越来越多人造或合成的"信贷"产品或资产。这导致了（从20世纪80年代中期开始）一种与实体经济脱钩的新型金融工程，一种对包装和"衍生"金融工具或抵押品进行"发起与配售"的模式。与财产、艺术品和其他典型抵押品不同的是，这些资产是"合成"的，它们是人为从借款人的偿还承诺里创造出来的。举一个例子，在电话公司，这种抵押品可能包括一揽子客户合同，合同规定客户在未来一段时间内支付电话费。或者，就银行而言，抵押品可能包括将来偿还贷款的合同。"承诺"的未来现金流可用来杠杆大量额外借贷，为活跃的影子银行业务带来持续的流动资产。合成资产以及相关的借款，为这些资本市场的投机者创造了巨大的财富。它们往往躲避公共当局的监管，并作为"特殊投资工具"（SIV）进行资产负债表外管理。

当这些不受管制的"承诺"锐减，并且被拖欠时，问题出现了。所谓的"流动资产"迅速被耗干，导致危机重重。紧随其后的是银行挤兑。像庞氏骗局一样，那些首先退场的人大部分都会获得收益，而失败者只能空手而归。

自20世纪90年代以来，中央银行家对此一直视而不见，而且在很大程度上，他们并没有理解这些更具创新性的自我造富活动。影子银行业务直到2007年才被经济学家保罗·麦考利（Paul McCulley）在怀俄明州的杰克逊霍尔的年度金融研讨会上所提及和定义。[9]格林斯潘也是对影子银行"视而不见组织"中的一员，他在2004年表示，在对信贷创造放松监管的体制之下，"不仅单个金融机构在面对潜在风险因素的冲击时不会那么脆弱，金融体系整体的适应性也会变得更强"。[10]

信贷创造和歌德的"魔法师的学徒"

如上所述,为了确保货币体系满足社会各种需求,必须管理信贷(债务)创造,以确保用低的实际利率提供信贷(债务),而且这些信贷能被可持续地有效利用来创造就业机会,并能用就业所带来的储蓄、收入和其他获利的一部分来偿还债务。如果金融体系要使整个社会保持稳定和有效,那么公开问责的机构就必须管理和规范信贷的创造,而且要管理信贷的"价格"——利率。相反,如果将信贷创造的力量留给市场这只"看不见的手",那么将面临与歌德的"魔法师的学徒"相似的后果。

你可以想象,在没有魔法师的情况下,学徒滥用主人的魔法来召唤水、刷子和桶,这些物品魔法般地在没有监督的情况下承担清理主人工作室的工作。其结果是一片混乱:刷子和桶乱飞,魔法师的工作室也被水淹没。对于不受管理和规范的信贷创造来说,也是一样的,结果总是会导致过度的信贷创造,资产、物价和工资上涨,无法偿还的债务会不断积累,而由于债务无法被偿还,又会导致金融体系的灾难性失败。

美国在2006—2007年发生了次贷危机,那时贫穷的债务人拖欠高利率的大笔债务,那次次贷危机是一个教科书式的范例,显示了基于"古典"货币理论的金融体系是如何运作的。经济学家认为,由于市场力量的作用,货币供应过剩("全球储蓄过剩")降低了货币的"价格"(利率)。由于经济学家坚信,银行家作为货币交易商,与其他中介机构一样,只是充当买卖双方的代理人,所以他们认为市场这只"看不见的手"可以安全地指导银行活动。

私人商业银行家简直不敢相信他们的运气能这么好。魔法师，也就是金融监管机构，腾出了巨大的货币空间，让私人商业银行家掌管信贷创造的魔力，这种魔力不仅是在他们自己的国家，而且波及全球；不仅在零售银行体系内，而且在监管机构范围之外，在"影子银行"体系中。

银行家、债权人和金融家做了魔法师的学徒所做的事：他们疯了。在英国，鼓励家庭年复一年地贷款，贷款占GDP的4%。根据英国央行前行长马克·卡尼（Mark Carney）的说法，爱尔兰家庭的借贷比例是该比例的2倍以上。在英国，家庭债务峰值接近年度GDP的100%，而在爱尔兰则高达120%。正如马克·卡尼所证实的那样：

> 这种借贷主要用于消费和房地产投资，而不是能够产生为履行这些义务所必需的收入的业务和项目。结果，房地产价格飙升。
>
> 由于10年来的非通货膨胀、持续的扩张，将最初理由充分的自信转化为危险的自满情绪，才导致这种过度消费变得可能。人们越来越相信，全球化和技术将推动永久性增长，而各国中央银行的全面把控将维护持久的稳定。随着人们逐渐相信金融创新会将风险性转化为确定性，合理严格的贷款标准已经逐渐转化为不顾后果的宽松，银行融资策略也从保守转向激进。金融创新使借贷更容易，但这种奖励方案重视了

现在，忽视了未来。

银行在"正面我赢，反面你输"的泡沫中运作……[11]

通货膨胀和通货紧缩

信贷的创造和货币的供应面临两大限制。借款人可能变得过于自信，甚至是肆意妄为，借贷超过了其经济承受的能力。他们不受限制（"自由化"）的融资热潮会扩大货币供应量，就像热情高涨的魔法师的学徒可能把工作室搞得水漫金山一样。"过多的钱追逐过少的货物和服务"会导致通货膨胀——这会提高价格，但会侵蚀资产的价值，包括养老金和福利等固定收入的价值。因此，公共当局必须管理私人部门的信贷创造，以防止通货膨胀，中央银行可以利用其权力和对私人银行体系的杠杆作用，来阻止这种贷款。2014年，英国央行限制了银行家可以借出财产的数量，以及购房者根据收入可以借入的资金金额，这是30年以来第一次出现这种情况。

中央银行家也可以尝试通过向银行提供贷款标准的"指导"，以及通过提高利率来限制信贷创造。自20世纪60年代末和70年代初的自由化信贷创造以来，当局一直倾向于将后一种方法作为管理信贷创造的唯一方式。

借款人的狂热会对经济构成威胁。然而，风险规避的借款人，即对未来充满恐惧而不愿借钱的人，也会对经济构成严重的威胁。太少的借款会导致货币供应紧缩，进而导致通货不膨胀

（通货膨胀率下降）甚至通货紧缩（总体物价水平下降，此时通货膨胀率低于0）。

通货膨胀和通货紧缩，都会对整体经济和社会及政治稳定构成实际威胁。通货紧缩如果变得根深蒂固，则特别难以扭转（如日本1990年以来的经济萎缩），因为公共当局没有什么工具可以解决通货紧缩的压力。这就是为什么信贷创造不能留给"看不见的手"，即金融市场的参与者，这一点至关重要。在民主国家，出于对经济整体利益的考虑，"国家财政的监护人"（中央银行家、财政部部长和财政部公务员）有责任管理信贷创造和利率。

私人货币的财富依赖于公共资源

私人财富控制的银行体系存在一个巨大的不公，那就是私人货币的生产并非孤立存在。它是公共基础设施的一部分，并依赖于此，而正是这个公共基础设施构成一个国家的货币、经济、税收、法律和刑事司法体系。

如上所述，所有货币都基于一个国家央行的流通法定货币，法定货币由央行授权和发行，并由纳税人通过其政府来支持。尽管一些央行可能被认为"独立于"政府或公共部门之外，但实际上，所有央行拥有的权力和权威，及其货币的价值，都依赖于本国主权范围内纳税人的支持。

中央银行家也有不同的授权。一些人被授权优先考虑私人银行部门的利益；欧洲央行在这方面最为突出。其他机构，如英国央行，既支持私人银行业，也支持政府的经济目标。

任何中央银行最重要的角色，是确定货币的价值，并在可能的情况下维持其价值。中央银行发行和维持法定货币价值的权力，与政府对其公民征税的能力密切相关。从这个意义上讲，财政政策是货币政策的重要支撑。

中央银行在管理整个银行体系，以及通过贷款和其他业务支持私人银行方面，也发挥着关键作用。它们的存在是为了维持整个经济的金融稳定。对私人银行部门的这种支持的一个重要因素，是银行利率或基准利率，即向银行收取的利率。虽然银行利率对实体经济中的其他贷款利率有重要影响，但它只针对持牌商业银行家，并且与这些商业银行家就商业贷款收取的利率没有直接关系。（你可以询问任何小型创业公司，看它们是否有幸能够以它们的银行家向央行支付的相同利率借到钱！）在对央行利率进行公开评论时，不可避免地会假设所有商业银行的利率都低于银行利率。事实上，对于不同贷款金额来说，银行利率的变化可能非常大，瞥一眼商业大街上任何打出广告的实际利率，以及这些利率计算出的通货膨胀率或通货紧缩率，就可以验证这一假设是错的。

因此，货币对国家财富和整个经济的稳定性和实用性，取决于对货币价值的合理维持，以及维持货币和税收制度的那些公共基础设施。此外，私人银行体系也严重依赖于由纳税人支持的公共部门的司法体系来维持和维护，例如私人合同。可执行合同既是私人货币生产的基础，也是私人财富积累的基础。

个人金融家和机构（如 AIG）在国际资本市场中运作，在金融危机爆发后，他们受到了纳税人资助的公共当局对他们的大力扶持，以支持其不稳定的经济活动。国有化的英国央行、美联储以及独立的欧洲央行，始终都是以纳税人为后盾，它们自2007年8月以来，为全球银行和私人金融市场提供了防范损失的担保，向它们提供了历史性的低借款利率，并通过量化宽松①货币操作提供了成本低廉的、容易得到的流动资产。

这些公共当局在不同的时期，帮助金融机构避免了"自由市场"强加给风险承担者的处罚。这样做，其实是这些公共救助对自由市场理论的嘲弄。得益于这种公共机构和中央银行的慷慨救助行为，许多在全球范围内作为私人公司来运营的金融机构，实际上都有效地变成了国有化的机构。

遗憾的是，西方民主政府并没有利用现有权力来限制国际金融家和投机者的肆意妄为。相反，自20世纪60年代以来，民选政府已经暗中慢慢将更大的权力割让给全球金融公司，让它们将资本转移到境外并进行跨境运作，而且还在没有监督、监管、税收或约束的情况下创造信贷。

全球资本流动不受管理意味着主权国家已经无法行使权力向其征税或对其进行管理。相反，国家民主被离岸资本和企业有效地勒索了，它们的股东和所有者要求获得进一步发展的权力，而不顾整个国家的法律和价值观，以及无视国家机构。国家不作为，

---

① 量化宽松是央行从资本市场购买政府债券，并将债券放在资产负债表上的过程，这减少了市场上债券的数量，而且由于这种对"安全"的政府债券的需求，这些债券的"价格"上升，同时"收益率"（相当于货币的利率）会下降。这一行动有助于降低政府债务的利率，但也会导致贷款利率的降低。

被全球银行家和金融家所掌控,这意味着纳税人有义务为公共法律和司法系统提供资金,而这些资金却在为私人财富提供服务。纳税人这样付出,但离岸、流动的私人财富所有者却没有做出任何要向税收系统贡献公平份额的承诺。

私人经济利益与整个社会之间历来都存在紧张关系,这种紧张关系体现在对货币生产体系控制权的争夺中。只有让社会对金融体系定期实施民主管理,才能让私人财富的利益服从于更广泛的利益。在布雷顿森林体系时代(1945—1971),私人银行和金融业是经济的仆人,而不是主人。很大程度上要感谢凯恩斯的理论、他对货币体系的理解,以及他在此期间实施的货币政策,金融体系才能主要为了更广泛的社会利益而运行。

然而,从20世纪60年代起,主要由私人银行家牵头的私人财富通过与民选政治家两相勾结,再次将货币体系的控制权从政府的民主监管手中夺走。今天,来自全球私人银行和其他金融机构中的少数人支配着整个全球经济。他们根据自己的既得利益来管理这个系统,而不是让它服务于更广泛的社会。由于社会没有对其采取实质性的政治管制,私人财富所有者利用公共的货币基础设施以及他们生产私人货币的权力,积累了惊人的财富。

第 3 章

货币的"价格"

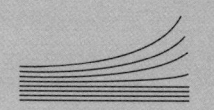

> 信用制度的发展是对高利贷的一种反抗。这种反抗高利贷的暴力斗争……一方面把一切闲置的货币准备金集中起来,并把它投入货币市场,从而剥夺了高利贷资本的垄断,另一方面又建立信用货币,从而限制了贵金属本身的垄断。
>
> 卡尔·马克思
> 《资本论》第三卷

鉴于对私人商业银行能够创造的信贷和债务的数量没有进行必要的限制,所以信贷本质上是一种免费的商品——不受限额或市场供求关系的限制。由此得出,正如凯恩斯在《货币论》（*Treatise on Money*）和《就业、利息和货币通论》中所论证的那样,贷款的"收费"或利率,应该始终低于实际水平（考虑到通货膨胀因素）。

正如第 2 章指出的那样,货币体系中信贷的创造和管理的发展，是文明的革命性进步，这是因为它确保了融资渠道变得更为广泛。反过来，这种融资又会产生经济活动，比如就业、创造、创新、科学探索、提供商品和服务——这些活动对于整个社会来说是有用或重要的（有时它会为战争提供资金，这对社会来说也是重要的）。经济活动和就业又产生了收入：工资、利润和税收，而收入的总额又远远超过了银行提供的催化资金。

但对于社会和经济来说，同样重要的是，这种更广泛的融资可用性在降低货币的"价格"或者利率方面颇有成效。[1]

约翰·劳、凯恩斯、马克思以及其他经济学家和历史学家都认识到，一旦银行货币体系发生变化，信贷变得更为广泛，社会就不再需要依靠现有的财富持有人进行融资。城堡里的"强盗贵族"，即剩余资本的所有者，将不再是市场上唯一提供贷款的人。他们失去了借钱给借款人并索要赎金的权力。他们再也不能争辩说，如果贷款人把资金借给另一个人，而不是投资于一家盈利的企业，就会产生"机会成本"。他们也没有立场来争论说，债权人完全有权要求高回报率了。这一论点不再有说服力，因为社会不再需要储蓄资金来资助新的企业、新的机会、新的投资。早年财富所有者所行使的权力，如今应当让步于社会更广泛的利益。如今，银行创造的信贷产品可以为那些需要投资资金的人提供资金，而且，这些银行家不会任意放贷，他们提供融资的根据主要是借款人的信誉，以及企业获得的潜在收入。创造性的艺术家和设计师、冒险的企业家和创新者，如果需要资金来进行新歌剧的上演或科学上的突破等活动，不再需要付出高昂的贷款利率来获得资金。

这是一个至关重要的发展进步。向经济活动征收的信贷利率对于经济的健康和稳定来说是一个根本要素,因为经济的就业水平和活动水平在很大程度上取决于利率。保证信贷可持续,保证偿还的债务在可承受范围内,这也很重要,这也是本书如此重视利率的原因。过高的利率会打压企业、扼杀创造力和主动性,最终导致债务无法被偿还。

货币体系的发展就是对付高利贷的过程

在货币体系出现之前,土地等既有资产的所有者(债权人),对没有资产但需要货币或信贷的人(借款人)行使着巨大的权力。在历史长河中,这种权力关系在道德层面上导致了犹太教、伊斯兰教和基督教等信仰对高利贷剥削型利率的谴责。例如,这三个主要信仰都有一个共同的原则,即为了恢复稳定和社会正义而定期取消债务(禧年原则)。

正如在本章开头引用的马克思的《资本论》所说的那样,银行体系和信用体系的发展是由对付高利贷的过程所引起的。有财富的人可以利用利率,特别是高利率,来毫不费力地从借款人那里榨取"租金"或额外财富。最终,随着债务人及更广泛的社会力量对这种剥削的反对,货币制度在十七八世纪得到了进化和发展。

当给贷款人、债权人或食利者的付款被延迟或中止时,从借款人那里榨取的财富就会累加，所以债权人就能够从债务人那里获得指数型收益。正因如此，剥削性的高利率贷款被普遍认为是寄生虫，它以整个人类和生态系统为宿主，同时加大了贫富差距。富人毫不费力变得更加富有，而穷人和债务人将陷入债务和贫困境地中更加难以自拔。

直到 16 世纪后期，基督教领袖开始谴责高利贷，以逐出教会的形式来惩罚银行家和其他债权人。他们被夺去在神圣的土地上埋葬的机会，或者他们的儿女被夺去在教堂里结婚的机会。伟大的佛罗伦萨银行家科西莫·德·美第奇（Cosimo de Medici），为了免除教会对他本人及其后代任何关于放高利贷的潜在指控，他花钱修复修道院以及做出其他投资，以换取一个赦免他过去罪过的教皇训令。

最终，基督教禁止高利贷的这一条令，被约翰·加尔文（John Calvin，1509—1564）和其他基督教领袖所修改。在"加尔文诞辰四百周年"之际，《金融时报》指出，加尔文逃离法国天主教统治后，抵达日内瓦，这导致"大批法国新教徒追随加尔文的脚步，把技能带到了日内瓦，同时天主教取消高利贷禁令，为这座城市在私人银行领域的优势铺平了道路"。[2]

尽管伊斯兰金融的一些分支绕开了《古兰经》的教规，但伊斯兰教一直坚持《古兰经》教规里对收贷和放贷的禁止令，也就是利息禁令（riba），不论贷款的目的是什么。如果按照《古兰经》进行实践，那么伊斯兰金融主要是"利益相关者融资"，由贷款人与借款人共同分担风险。利息禁令所禁止的是不需要通过工作或在商业中产生附加价值就毫不费力所获得的利润和收益。在伊斯兰教中，借出的货币不能用来赚取资本收益（或租金），只能被用于促进贸易和商业。伊斯兰学者充分意识到，借贷放款会使财富分化、剥削加剧，最终导致那些没有资产的人被奴役。阿拉伯人是世界上最早的数学家，他们引进了印度教教徒发明的十进制数字，所以他们完全理解复利的"神奇"特性，以及复利增加和放大债务的能力。

在今天，高利贷作为一种正常现象被西方经济体所广泛接受，金融资本的寄生效应严重削弱了这些经济体的货币体系，还使之被沉重的债务负担所拖累。而对高利贷的欣然接受，导致社会看不清高利贷对地球资源造成的破坏性影响。

发生这种情况的原因，像英国无线电爱好者弗雷德里克·索迪（Frederick Soddy，1877—1956）教授曾经解释的那样：

> 债务受制于数学规律而不是物理规律。
> 与受热力学定律支配的财富不同，债务不会随着年龄增长而衰退，也不会在生活过程中被消耗。相反，（债务）每年以非常高的年息，通过单利和复利这两个众所周知的数学规律来增长，最终导致无限，它是一个数学量而不是物理量。[3]

相比之下，地球及其资产是有限的，会经受衰退的过程。大自然的增长曲线几乎是平坦的，利率增长曲线是线性的。而复利曲线却是指数型的，正如已故的玛格丽特·肯尼迪在图3.1中所说明的那样。[4]

在最初阶段,"宽松但昂贵"的信贷推动了投机和消费的扩张。财产和其他资产价格高涨,商场成为大街上的庙宇,朝拜者无数。但是,债务必须用收入偿还,无论收入的形式是工资、薪金、利润还是税收。如果利率太高,债务人将不得不通过提高利润率和进一步创造价值,来筹集资金以偿还债务。

债务人必须以指数增长速度来增加收入才能偿还债务,这种压力意味着劳动力和(广义上的)土地的利用率都必须不断上涨。那些从事体力劳动或脑力劳动的人,工作越来越努力,工作时间也越来越长,以偿还不断上涨的、实际的抵押贷款或信用卡债务。

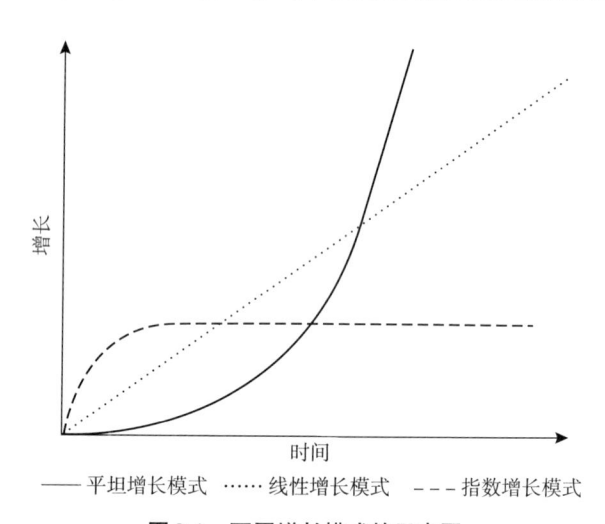

—— 平坦增长模式　……线性增长模式　--- 指数增长模式

图3.1　不同增长模式的示意图

资料来源:*This Time is Different: A Panoramic View of Eight Centuries of Financial Crises* by Carmen M. Reinhart, University of Maryland and NBER; and Kenneth S. Rogoff, Harvard University and NBER.

所以,放松金融管制导致了对工作时长管理的放松,使得星期天也变成了工作日，这一切并非偶然。相反，因为相比于其他要考虑的因素，要优先考虑偿还给金融部门的价值，所以更长时间的工作——"24/7"①，也变得见怪不怪了。

地球资源始终是有限的，这种压力也随着租金的收取而增加。全世界海洋里所有的鱼必须被捕尽，森林必须被砍光，土地的"生产率"也必须猛涨，才能达到与利率相同的增长速率。高产作物的出现，肥料和杀虫剂的使用，将动物限制在室内来养殖，以及为了应对世界人口的增长和获取更大的利益所导致的粮食生产的增加——所有这一切都是为了偿还债务。其造成的影响也是众所周知的：土壤和海洋退化，灌溉区域盐碱化，地下水过度开采和污染，昆虫抗药性增强，生物多样性遭到破坏，等等。换句话说，如果要尊重数学规律来偿还世界债权人的债务，地球的有限资源将会被无尽地蚕食。

金融资本通过高额的利率来剥削劳动力、榨取财富，这伤害的不仅仅是工人。企业家、医院行政人员、大学校长、发明家、工程师、创新者和各种艺术家，他们辛苦付出，勤恳努力，却都被银行家所剥削，因为银行家会向他们要求更高的租金收益，以及要求在他们投资、创造力、技能、努力工作和革新所带来的利润中享有更高的分成。这个过程像滚雪球一样，导致的不仅是"租金"上涨，而且各种经济活动的费用也会上涨。

---

① "24/7"指商店每周7天，每天24小时营业。

新自由主义时代的高实际利率

如上所述，货币或信贷的供应是无限的，因此必须加以管理。按道理来说，贷款的过量供应以及债权人倾向于周期性地放贷，应该会抑制贷款的价格。但事实不是这样的。由于对银行贷款标准和利率的管理政策被取消了，所以利率实际上在稳步上升。事实上，自20世纪70年代以来，高利率规律性地刺破了信贷泡沫。

图3.2是少数几幅显示利率进展情况的图表之一。它描述了1914—2009年英国央行的名义利率（即未调整通货膨胀因素的利率）。由于中央银行利率总体上低于商业银行利率，因此这也指示了商业银行贷款给个人和企业的利率有多高。注意在1933—1950年，英国当局实施了贷款标准执行政策并应用了凯恩斯流动性偏好理论。在此期间，利率和通货膨胀都受到了抑制。还要注意的是，随着金融开放，创造了过多的信贷来追逐过少的货物和服务，这导致了通货膨胀，中央银行的利率也跟着上涨——这既符合通货膨胀的规律，也是自由化引起价格波动的征兆。中央银行的利率反过来推高了实体经济中所有贷款的实际利率：短期和长期贷款，安全和风险贷款。

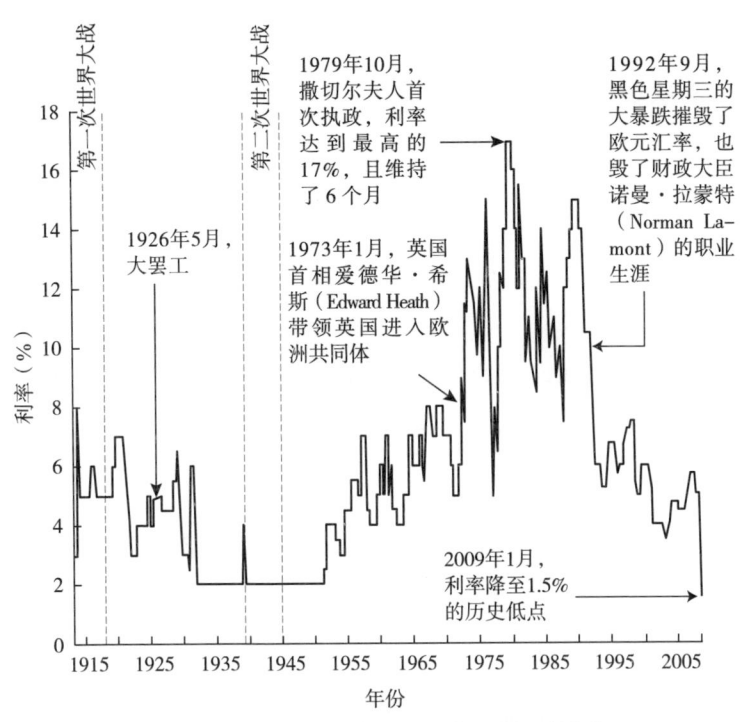

图 3.2　实际利率的发展（考虑到通货膨胀）

资料来源：英国央行。

撒切尔主义和"强盗贵族"的回归

1971年，英国开始放宽信贷制度，实行"竞争和信贷控制"（competition and credit control，简写为CCC），这经常被经济学家形容为"完全竞争毫不管制"。剑桥大学金融史中心的邓肯·尼达姆（Duncan Needham）已经详细地写过这个话题，并且指出：

CCC扫除了银行向私人部门提供贷款的限制，这在20世纪

60年代已经被大规模实施。从此以后，银行的贷款将以成本为基础，即通过利率来控制。贷款将发放给那些能够支付最高利率的公司和个人，而不是那些符合当局定性标准的公司和个人。通过"以成本为基础"来竞争性地分配银行信贷，CCC用"控制"取代了多年的信贷配给。[5]

CCC没有成功。虽然它旨在控制"货币供应量"，但其效果恰恰相反。在废除这一政策之前，货币供应量增长了72%，两年之后通货膨胀率达到了26.9%。

首先，英国和其他西方中央银行家放弃了配给和控制贷款标准以及全部的贷款利率：短期和长期利率，安全和风险利率以及实际利率（允许通货膨胀）。金融资本——我们这个时代的"强盗贵族"，重新获得了金融体系的权力，并再次控制了贷款的定价权以及谁将获得贷款的决定权（即公司和个人的贷款资格）。如果借款人付不起最高的利率（例如，因为最高利率超过了企业的利润率），那么他就贷不到款。然而，如果借款人愿意承担几乎所有的高实际利率风险，那么银行家就会肆无忌惮地放出贷款。这样一来，私人银行家又一次获得了创造"宽松"（不受监管）信贷的自由，而这些信贷往往被用于投机。不可避免的事情发生了：从1971年到1974年，信贷扩张刺激消费，导致消费价格上涨35%，英镑下跌。进口价格上涨79%，工资也试图跟着上涨。造成这种局面的一个关键因素是对银行贷款失去控制，另一个因素在于同时转向灵活汇率。

其次，私人银行家放开了用于投机活动的"廉价货币"的利率，随之而来的是利率稳步上升，如图3.2所示。在接下来的30年里，高实际利率不间断地损害了许多优秀的个人、企业、行业和经济体。[6]

撒切尔主义在2007—2009年经济危机达到高潮

雷曼兄弟和其他银行在2008年破产，导致这一危机的根源是无法承受的巨大信贷泡沫的破灭。

很少有经济学家把这个危机的原因归咎于"宽松"，即不加管制和代价高昂的信贷。许多人认为"宽松"信贷就是"廉价"信贷，但是宽松信贷也可能是昂贵的。也就是说，不受监管的信贷（例如提供给次级借款人的信贷或"骗子贷款"）的实际利率，可以稳定在非常高的水平。当然，宽松信贷也可以是便宜的。宽松信贷的对立方是"紧缩"信贷，"紧缩"意味着信贷创造是经过严格管理的，只能提供给可以产生良好潜在收入流的公司、个人或项目。凯恩斯认为，信贷创造的最佳形式是"紧缩但便宜"的信贷。

很少有经济学家提出增加对信贷创造和利率的监管。他们大部分聚焦于低利率，并解释说低利率才是造成危机的原因，这种低利率在2001年互联网泡沫破裂后普遍存在。但是，这些利率之所以设定得较低，是作为对资产泡沫破裂的回应。尽管2001年后的低利率确实为下一次危机奠定了基础，但它们不是直接原因。

引发危机的罪魁祸首是大量容易获取的高利贷货币，这些货币没有投入真正的经济活动当中去。刺破信贷泡沫的正是宽松信贷，包括各种"骗子贷款"或"无文件抵押贷款"，或像高盛这样的银行将包装和重新包装的抵押贷款池切割成的有价证券。这些证券的风险随后被卖出，并转嫁给"小人物"——借款人和股东，以及大型机构投资者。

对于2003—2004年以后利率的稳步上涨，以及利率上涨对已经负债累累的企业、家庭和个人所产生的影响，绝大多数主流经济学家都未合理地重视。东京野村综合研究所首席经济学家辜朝明（Richard Koo）在2012年4月14日柏林INET会议上介绍的内容显示了在这场危机之前利率上涨是多么猛烈（见图3.3）。

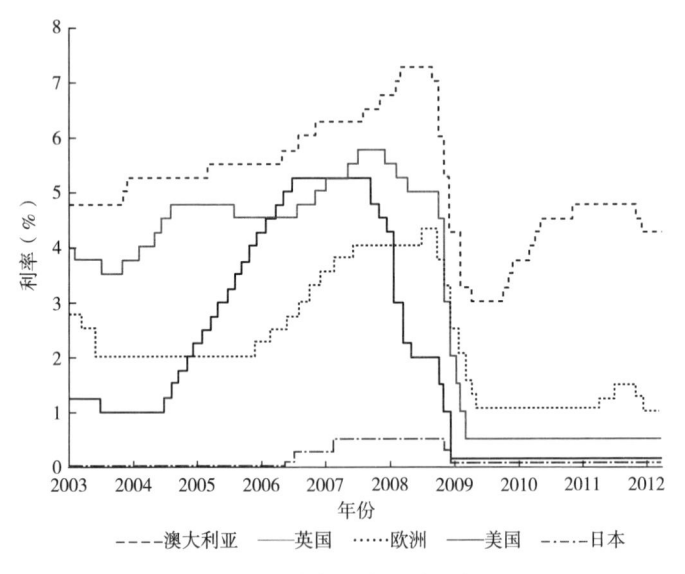

图 3.3 辜朝明介绍的图表

资料来源：BOJ, FRB, BOE and RMB Australia. As of March 23, 2012.

正是利率上升，像匕首指着气球一样，刺破了信贷/资产价格泡沫，信贷/资产价格泡沫破裂又造成2007—2009年的经济崩盘。

在2005—2007年，信贷暴涨的高峰时期，银行在没有真正评估个人、家庭和企业偿还能力的情况下，仍然给他们提供贷款或抵押贷款。其中一些借款人是高风险的，如次级借款人，可能会因高利率而被榨干。这些贷款的回报率非常高，所以像高盛这样的银行才会要求它们的银行代理商放出更多这样的贷款。银行收集这些次级抵押贷款，将它们捆绑起来，人为地创造了新的资产——抵押贷款和贷款的混合，将之称为"债务抵押债券"（collateralised debt obligations，简写为CDOs）。这些新的金融产品或资产可以被再次出售，或者作为博得巨额资本收益而下的赌注。它们也可以转化为新的资产，被银行家用作抵押，来获得（杠杆化）额外的新借款。也就是说，CDOs的核心是个人、家庭和企业，当他们拖欠债务之时，债务泡沫会突然破裂，然后"次贷危机"就爆发了。

要想象次级债务在危机中所扮演的角色，最好是将次级借贷者看作位于一个巨大的、倒置的债务金字塔底部。虽然他们的债务从整个宏观角度来看不值一提，但他们是市场上最穷的、最脆弱的借款人，而且由于他们被收取的是最高利率，所以他们最有可能是第一个违约的人。在次级债务之上，是由抵押证券、信贷违约掉期和其他复杂的金融产品组成的"结构性"债务，通常是"合成"债务，数额庞大，摇摇晃晃。这些在金融危机之前由影子银行体系人为创造的金融工程产品，就是炸药，因为它们与真实世界里的生产活动没有任何联系。然而，它们与贫穷工人的财产和抵押（资产）有着千丝万缕的联系。

只要金融金字塔底层的一些最穷的借款人违约，就会炸毁整个全球金融体系。这是一个非同寻常的发展现象：社会最贫穷的人的债务给最富有的人带来了系统性危机。科斯塔斯·拉帕维斯塔斯（Costas Lapavistas）写道："在19世纪古典资本主义的条件下，工人（包括最穷的人在内）所背负的债务，竟然能导致全球性经济瓦解，这简直不可思议。"[7]

自2007—2009年金融危机以来，几乎没有执行任何措施来取消商业银行对利率的控制。尽管此后央行利率下滑，但商业银行家仍然决定设定高利率来贷款和透支给实体经济中的个人、家庭和企业。记者和其他评论员错误地将央行利率与商业利率结合起来，就好像两者都是低利率一样。但其实它们并不等同。很少有企业家在进行新的投资时，可以在英国央行以0.5%（2016年4月的数据）的同业拆借利率贷款，或者以欧洲央行的基准利率0.0%（2016年4月的数据）来贷款。只有在中央银行注册的银行或金融机构，才能享受这一政策利率。发放给企业和个人的贷款利率，是由社会建构中那些从事贷款创造的人决定的，即商业银行家。银行家对借款人风险进行评估，再结合他们自己想要的回报率，以及其他债权人在市场上向借款人提供的贷款利率，从而做出决定。鉴于银行业是寡头垄断，所以事实上他们之间没有竞争，反而还在决定利率的高低方面大肆勾结。

利率如何由私人商业银行家"决定"

伦敦同业拆借利率（London Interbank Offered Rate，简写为LIBOR）对于确定价值为800万亿美元的全球金融工具（包括数百万美元的抵押贷款）的利率至关重要。2008年，《华尔街日报》开始关注LIBOR的操控现象。2012年丑闻爆发，英国银行家协会（卡特尔）和后台银行职员（"提交者"）在"决定"同业拆借的价格中的作用，引起了公众的注意，也引起了经济学家和监管部门的注意。这种欺诈的暴露表明，这些利率并不是由"看不见的手"（货币的需求或供给）决定的。相反，利率是由后台职员决定的，他们通过操控利率为银行赚钱，并确保他们当年的年终奖能超过去年。

《经济学人》（The Economist）中一篇题为《金融腐败之心》（The Rotten Heart of Finance）的文章提到：

在惊天动地的变革中，最令人难忘的事件，有时反而是最平庸不过的。LIBOR的丑闻在迅速蔓延，正是那些最平淡无奇的银行交易员，在操纵着金融界最重要的数据。他们开玩笑，或提供小小的好处。"给你的咖啡正在路上"，对交易员做出这样的承诺就可以换取一个小小号码。"兄弟，我欠你太多了！我打开了一瓶堡林爵香槟"，另一位说道。一位交易员贴了备忘条，以提醒自己下周不会忘记打电话。"要求确定6个月借款利率"，他把这个写入日历，就像他把"买牛奶"写进去那样随意。

巴克莱这个拥有300年历史的英国银行，正在操纵一个不起眼的数字，这在许多人看来似乎毫不起眼，但从现在开始具有了全球意义。交易员正在玩弄的这个数字，决定了世界各地的人们和企业为贷款支付的价格，以及储蓄获得的收益。它被用作基准，来设定价值约为800万亿美元的金融工具的回报，这些金融工具包含了从利率复杂的衍生品到简单的抵押贷款。这个数字决定了全球每年数十亿美元的资金流量，结果它的制定却是有缺陷的。[8]

当局如何影响利率

> 它（可贷资金）与银行借款的需求变化有关，而我关心的是货币需求的变化；那些想要拥有资金的人，与那些想要向银行借钱的人，只是暂时有部分重叠。
>
> 凯恩斯
> 《文集第十四章》（Collected Writings XIV）

凯恩斯在《就业、利息和货币通论》中提出了"流动性偏好理论"，在二战和之后的一段时间内，它不仅帮中央银行家和政府理解了利率是如何被决定的这一过程，还提供了可行政策，用来管理各种期限贷款的利率，使之保持在较低的水平。[9]那时，英国政府的借款比以往任何时候都要多，公债创新高，达到GDP的250%，但利率仍然相对较低。杰夫·蒂利（Geoff Tily）在《背叛凯恩斯》（*Keynes Betrayed*）中写道：

> 流动性偏好理论引导（凯恩斯）得出了最为深刻的结论。最终，这个理论把经典分析变成它的同盟。凯恩斯认为，对于经济活动水平，特别是就业水平而言，利率是其原因，而不是被动的后果。[10]

然而，这种革命性的货币理论及其相关政策，在很大程度上被经济学专业所忽视，并被监管者和决策者所遗忘。

凯恩斯理论的核心在于对银行货币的理解，银行货币不仅是用来创造购买力从而满足交易目的的手段，而且是一种价值储备。在借款并投资后，当借款人赚取利润或资本收益时，他将面临如何处理剩余资金的决定。凯恩斯认为，像其他资本持有人一样，他要决定在何处放置剩余资金以及放置多久，首先取决于他对现金的需求，用于购买商品和服务的即时需求或近期使用需求（即短期的"流动性"）；其次，取决于凯恩斯所谓的预防性动机——对现金保值的需求；最后，投机动机——通过投资项目，或者比市场更了解未来发展趋势而获得收益的需求。

正如前面的章节所解释的，在发达的货币体系内创造银行货币，意味着那些幸运地建立起资本盈余的人，不再是唯一一个向经济的其他部门提供贷款融资的人，当然他们也没法决定利率。

这些资本的所有者，不需要通过借贷给活跃于其他经济体的人来分享他们的财富，在这种情况下，他们也不能控制贷款利率。贷款业务接下来可以由一个受到严格监管的银行部门来控制。结果就是，剩余资本的所有者不得不将资本投入对整体经济更有用的地方去。当他们被社会以这种形式束缚的时候，就不得不为他们的剩余资本寻找不同的投资渠道。

凯恩斯因此得出结论，利率不会受到储蓄需求的影响（与货币主义者认为的相反），随着储蓄者的资金以不同的动机在不同的时期投资于安全的或有风险的资产，利率反而受到对这些资产的需求的影响。财政部和中央银行合作，通过发行和管理各种此类资产（特别是安全和有价值的政府债券），可以共同创造和管理投资者所需的全部资产，以满足其现金、证券和资本收益（投机性）需求。通过控制这些资产的市场，财政部和中央银行可以影响和管理在整个经济中适用的贷款利率，包含不同期限和不同风险类型的贷款利率。

毫无疑问，这些政策并没有吸引当今的"强盗贵族"。这样的货币政策破坏了他们对经济的权力，使其在设定利率方面的作用被边缘化。所以，几乎是在二战刚结束之后，金融业（直接或间接）招募经济学家、记者和政治家来抹黑凯恩斯的货币理论和政策，并谴责他为"税收者和消费者"。尽管凯恩斯是出于维持就业和经济活动的目的，才提出了对货币政策的管理。他认为，危机会引发采用财政政策的需求，这本身就是货币政策失灵的一个标志。

知识界发生着反对凯恩斯的思想和政策的政变，其中大部分发生在伦敦经济学院，甚至包括一些所谓的凯恩斯门徒，这些政变最终带来了经济"强盗贵族"的胜利。这样的政变再加上正统经济的回归，所导致的长期后果便是，世界人民的利益，以及生态系统的利益，再次让步于全球金融的利益。中央银行家和政府财政部不再管理全部利率范围，也不再提供足够的安全资产作为替代品以供私人部门使用。那些希望以安全为目的而投资（如养老基金）的人，目前正在寻找长期投资的安全资产，结果却是徒劳。其中最安全的资产是美国政府债券（"美国国债"）和英国政府债券（"金边债券"）。遗憾的是，由于企业倒闭、个人失业、实际工资下降，2007—2009年的经济暴跌及其余波严重削减了政府税收。在危机之后，西方国家政府可以通过扩大公共投资、增加就业和援助薪资，来扶持负债累累的私人部门，但它们并没有这样做，反而是通过进一步削减支出来应对经济暴跌。这意味着政府停止借贷，政府债券的发行量下降。与此同时，各国央行开始实行量化宽松政策，通过购买政府债券并将其记录于资产负债表上，这也加剧了这种安全资产的短缺。结果，包括政府债券在内的所有资产的价格都上涨了，而收益率（投资者在债券上实现的收益）却下降了——在某些情况下甚至降至负值！

由于这种低收益（回报）和债券短缺，资本家不得不把资金放在其他资产上。最吸引人的资产是房地产，例如在内伦敦、纽约或香港宝贵和稀缺的房产。政府债券的低收益率结果是房地产价格的大规模膨胀，这反过来又导致了某种"社会清洗"，例如，随着物价的火箭式上涨，普通伦敦人再也买不起房子或付不起高昂的租金。

依靠自己的储蓄收入的养老金领取者，同样在寻找这样一种资产：能产生足够的收入以跟上通货膨胀的步伐。其结果是，储蓄和盈余全被倒入被投资者视为安全的资产中，包括黄金、珠宝、股票、政府债券。可以预见，这同样导致了这些资产的通货膨胀。整体上谁拥有资产（股票和股权，还包括足球俱乐部、公立医院的停车场、土地、品牌、比赛用马、艺术品、游艇等），谁就富有，同时富有者会变得更富有。而随着其资产的价值上升，他们对这些资产收取的租金也会上升。

没有什么能比这个过程更好地解释不平等程度是如何加剧的。

中央银行家似乎对资产价格上涨束手无策，皆因他们放弃了凯恩斯的建议：中央银行和政府应该携手介入，来管理投资者需要的一系列资产的生产、定价及这些资产的利率。事实上对整体经济的利率的决定权，仍然掌握在私人部门的"看不见的手"中，即全球金融资本手中。

利率作为武器

挥舞着利率这件武器，金融资本有效地挟持了社会、政府和行业，以及整个生态系统，要其偿还贷款。这种困境极其可悲，鉴于此，在理论上，为了银行和稳健的货币体系发展，应该取消任何精英从借款人处榨取超额回报的权力。今天，就像早期的前银行时代那样，实际利率居高不下，即使在富裕国家也是如此。然而，这一切都是因为整个社会、民选政府和行业，共同给予了金融资本决定利率的特权淫威。

第 4 章

我们陷入的混乱

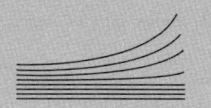

我们生活在政治和金融动荡的时代，全球经济也陷入衰退周期。地球饱受人类温室气体排放和人为导致的动植物大规模灭绝的困扰，我们的生存也岌岌可危。目前金融体系腐败不堪，极不稳定，并且受到了广泛的怀疑。违规销售、盗窃、操纵和欺诈的丑闻盛行。对于那些对整个社会都大有裨益的项目，"没有钱"的喊声不绝于耳。我们被灌输这样的观念："没有钱"来照顾老人和精神病患者，以及提供社会住房；没有钱用于歌剧、戏剧或其他形式的艺术创作；也没有钱用于水资源保护、可再生能源、防洪、高耗能老旧设施改造，以及其他旨在保护社会免受气候变化影响的投资。

出现上述失败主义论调的原因之一是全球债务过剩和许多经济学家（事实上公众也是这样）混淆了公共和私人债务。在这一章中，我希望能解释"没有钱"的模因，公共和私人债务之间的差异，以及在经济疲软时，公共债务为何不应成为公共投资的障碍。

"国家没有资金来源"

金融危机后,政治体制失灵,其核心是一种受意识形态驱使的虚假信念:尽管社会有能力拯救一个遭到系统性破坏的银行体系,但它无力解决经济失败、青年失业、能源不安全、气候变化、贫困和疾病等问题。有人认为,社会"没有钱"为这些挑战提供资金,以刺激经济复苏或创造就业机会。

撒切尔夫人对经济的看法,仍然代表了许多保守政府的政策,她在1983年的一次演讲中,非常清楚地表示了"没有钱"的信念:

> 除了人们自己赚的钱,国家没有别的资金来源。如果国家希望花更多的钱,那么只能借用你的存款,或者向你征更多的税。而且想着别人会付钱,也是不好的想法。所谓的"别人"就是你自己。
> 没有所谓的公款。有的只是纳税人的钱。[1]

如今,在政府援助全球银行体系的事实面前,这一论断显得颇为奇怪。尽管政治家试图说服选民"没有钱",但在量化宽松的幌子下,一些截然不同的事情发生了。中央银行家在一夜之间"凭空"创造了数万亿美元,为银行体系提供了救助。

这可是数万亿美元！

美国参议员伯尼·桑德斯（Bernie Sanders）要求美国政府问责局对"国家资金"的数量进行审计，这一"国家资金"是在经济危机期间，由美联储创造，并由政府支持的。结论表明，总共动用了16万亿美元的"总体财政援助资金"来救助"美国和全世界的一些最大的金融机构和公司"。[2]请注意，这16万亿美元中没有一分钱是向美国人征税而得来的，但美联储创造的流动资金确实是由美国纳税人所支持的。

另外，请注意，所有以美国纳税人为后盾救助的受益者当中，还包括了德国、英国和法国的银行家。

英国央行行长在2009年10月的苏格兰会议上解释说，万亿英镑，即1 000个10亿英镑，接近整个（英国）经济年产值的2/3，（几乎一夜之间）被调用来拯救英国的银行体系。[3]这么少的人欠了这么多的钱，这在金融领域里从来没有发生过。[4]

尽管有证据表明，国家确实有"其他资金来源"——也就是除了税收的其他方面，但很多人都采用了撒切尔夫人的推理，甚至包括在政治圈里属于进步派的那群人。

"亲爱的布政司，我遗憾地告诉你，没有钱了。"英国工党财政大臣利亚姆·伯恩（Liam Byrne）在2010年5月17日刊登在《卫报》上的一封致继任者的信中这样写道。[5]

"英国政府的钱用完了，因为所有的钱在经济状况好的时候都花掉了。"英国财政大臣乔治·奥斯本在2012年2月27日的天空新闻台上这样说道。[6]

第4章　我们陷入的混乱

英国反对党财政大臣埃德·鲍尔斯（Ed Balls）在2013年6月3日的汤森路透（Thomson Reuters）上发表了一篇题为《为英国经济寻找适当平衡》的演讲，其中指出："我们将不得不用更少的钱来治理国家。"[7]

通货紧缩——因为"没有钱"

"没有钱"是个政治口号，它被设计出来，就是用来解释紧缩政策和其他令人不快政策的必要性。政治家采用的紧缩政策，反而是危机所带来的机会，以供政治家削减公共支出和缩减政府规模。英国《每日电讯报》（*Daily Telegraph*）的副总编杰里米·华纳（Jeremy Warner）证实了这一点，他写道：

> 最后，你要么是一个大国的人，要么是一个小国的人，大国人民对紧缩的厌恶在于，其主要目的是缩小政府支出的规模……
>
> 底线在于，只有在经济危机期间，你才能真正地缩小国家支出的规模。这可能是顺周期性的，但在繁荣时期从来不需要紧缩政策。只有在经济糟糕的情况下，才能实施紧缩政策。[8]

在采取紧缩政策时，政治家实际上诉诸了"金本位制"政策，这起源于20世纪二三十年代，已然过时。就与那时一样，他们再次将紧缩政策强加给欧洲、日本和美国的所有人民。紧缩政策能达到减少货币供应量的效果，同时降低了利润、工资、收入和物价。

与此同时，经济萎缩带来的通货紧缩，会导致公共债务进一步上升而非下降。

通货膨胀会削弱债务的价值，与之不同的是，通货紧缩的压力会增加债务的成本和价值。债务被其所有者定义为资产，其所有者包括债权人和国际金融家、私募股权投资者。资产本身就很有价值——想一想从房产中提取的租金，购买足球俱乐部产生的收入来源，或者公司给的分红，等等。但是债务（或者贷款）也是一种资产，它的价值在于"租金"，其来源形式是随着时间的推移而支付的利息。另外，债务（例如银行的抵押贷款）作为创收抵押品可用于借贷甚至更多的债务。想一想与用户有数千份合同的电话公司。这些合同代表未来的收入来源，这些合同为电话公司提供了抵押贷款所需的抵押品。

通货紧缩政策的压力，受到了资产持有人、银行家和债权人的欢迎：这些政策使得债务和其他金融资产的价值相对于物价和收入增加。（当然，他们经常忽略这样一个事实，即增加债务成本、同时降低债务人收入的政策，意味着这些债务人可能会还不上债务，导致违约。）

与此同时，通货紧缩压力提高了现金的价值，因为货币的实际价值增加了。在债务过剩的信贷经济中，贷款或借款下降导致货币供应量下降。这种货币或现金的短缺导致现金的实际价值增加。另外，在债务通货紧缩环境下，债务持有人不能将债务转化为现金，导致出现"现金为王"。在20世纪30年代的纽约，当通货紧缩导致债务和利率上涨时，由于缺乏买家，贷款买了房的人无法出售其房产。房屋价格暴跌，那些持有现金并且债务很少的人就能够以最低的价格抢购它们。

当私人部门负债过重，增长乏力，对未来缺乏信心并削减投资时，紧缩政策同时也会缩小公共投资。通过在私人部门疲软时期削减公共投资，政府不仅限制了公共部门的活动，还限制了私人部门的活动、利润、工资、收入和税收。因此，紧缩政策会加剧西方企业、家庭和个人以及国家的债务负担，加剧"私人债务的积压"。紧缩政策有效地惩罚了那些没有造成经济危机的无辜人士，即那些依赖国家福利的人，而通货紧缩压力则增加了危机责任人所拥有的资产的价值。在雷曼兄弟破产几年后，利率因为2007—2009年危机的发生而变低，这使得即使债务水平上升也可以接受。不过，如前所述，央行只能强烈影响基本利率或政策利率，并且获得和享有这种利率的只能是银行和金融机构。相对于物价和工资的降低来说，商业利率实际上还是保持高位。

然而，如果央行利率上涨，商业银行的利率预计将进一步上涨。长期资产（债券和抵押贷款）的利率上升将对重债企业和家庭造成惩罚性影响，更不用说政府了。这解释了为什么在2016年中央银行家不愿意提高其"基准利率"，就是为了防止其他利率的连锁反应会破坏经济。实际上，每当有迹象表明美国或英国经济出现改善时，全球资本市场债券收益率（利率）上升的威胁或现实就会阻止经济的进一步复苏。

金融危机、经济紧缩以及民主的幻灭

负责执行紧缩政策的政治家，不仅给数百万民众及其社区和国家造成了不必要的痛苦和混乱，导致了公共债务上升，事实上，他们还让欧洲和美国的失业者和贫困者感到了民主的幻灭。紧缩政策，以及政治家和金融部门的勾结，为以下这些右翼民粹主义政党开辟了政治空间：美国的唐纳德·特朗普（Donald Trump）和茶党（Tea Party），法国的国民阵线（National Front，2018年更名为"国民联盟"），希腊的金色黎明党（Golden Dawn），等等。这就是民主政治家制定政策的社会和政治后果之一，这些政策让少数人富有，却使大多数人陷入贫困；这些政策基于"不再起作用的"经济学家的错误理论，是为"强盗贵族"的利益而服务的。

2007年8月发生的金融危机已经过去多年。然而，全球经济正在努力从这场危机和宽松（不受监管的）信贷催生的泡沫中恢复过来，这些泡沫会由于实际利率上升而破裂。危机没有结束，而是席卷了全球的经济。危机的主要震源地——美国和英国，情况最为紧张，但后来又转移到了欧洲，尤其是欧元区，再然后转移到新兴市场。西方经济体经历了历史上最长的经济衰退时期，也就是在战争时期，经济衰退才会延续如此长的时间。然而，政府本可以通过重新调节金融体系来纠正经济不平衡的状况，却袖手旁观，全球信贷泡沫在2008年之后从未完全破裂，反而因为中央银行的量化宽松等操作，泡沫重新膨胀并加剧。中央银行家并没有重新组织或重新规范全球金融业，反而选择使用一系列货币工具来帮助银行家清理其资产负债表。商业银行家利用量化宽松和其他形式的廉价融资，再加上其不受公共当局的限制，从而进行投机，也就是赌博或下赌注：

> 金融数学中许多核心的想法都始于下赌注……在20世纪六七十年代，科学家破译了二十一点和轮盘赌的奥秘，他们厌倦了赌场保安的监视，从而转向了金融。对他们来说，这两者并没有什么不同。就像配置了体育博彩的现代球队一样，他们只是将目光转向了另一个市场，另一组效率低下的组织，另一场能打赢的比赛。[9]

投机活动，尤其是那些不想受"赌场保安的监视"的投机活动，可以给银行家和其他金融机构带来迅速的，甚至有时是呈指数型增长的财富收益。这些收益被投资于价值不断攀升的资产中，而资产的所有者本身就是富有的金融精英。商业银行家总体上并没有确保这些来源于公众的资金，能够以负担得起的利率进入实体经济。结果就是，在西方主要经济体和越来越多的新兴市场经济体中，货币供应量缩水，投资、就业、工资和收入水平下降，而贫困和失业人口变得更加贫困。

2012年，经济危机尚未褪去，英国时任首相戴维·卡梅伦（David Cameron）在当年的达沃斯论坛上宣称，尽管他的政府"可能是财政政策上的保守派,但是是货币政策上的激进分子,不断向银行体系注入现金"。光是货币政策的有限杠杆,就为金融部门带来了巨额财富,但未能带来经济复苏。随着金融业的资不抵债,整个行业既缺乏信心,也因债务过高而无力承担投资风险,所以货币政策必须与财政政策协调一致,以帮助振兴经济,正如OECD在2016年指出的那样:"要增强需求,需要一个更强大的集体政策,光靠货币政策不会起作用。许多主要经济体的财政政策目前造成了紧缩局面,结构性改革势头减缓。必须更积极地部署三大政策杠杆,以创造更强劲和持续的增长。"[10]

遗憾的是,这个信息却被包括央行和IMF在内的其他全球金融机构置若罔闻。

要想实现经济复苏和恢复银行贷款,采用财政保守主义和货币激进主义是不行的。持续的金融危机,导致在实体经济中活跃的私人借款人太少,所以不可能出现经济复苏的情况。在高失业率或不充分就业、工资下降、不安全感加剧的经济体中,潜在的合格私人借款人是非常罕见的。私人借款人的缺乏以及收紧的货币供应量,导致了经济危机会持续下去,而正统经济学家,包括一些受到资助的私人银行,却阻止借款给剩下的唯一有能力的借款人——政府,这使得危机情况变得更为复杂。他们这样做是出于一个逻辑上有缺陷、学术上不诚实的观念,即公共借款会"挤出"私人融资。

辜朝明是一位经济学家,他以研究日本的长期通货紧缩而著称,他解释说,由于缺乏私人和公共借款人,量化宽松政策在日本并没有起作用:"如果想借钱的人很多,而有能力提供借款的人很少,那么作为资金的最终供应者,日本央行确实有必要做点什么。但是如果没有一个借款人,那银行也无能为力。"[11]

公共部门:终极借款人

如何创造更多的借款人,增加货币供应量并实现经济的复苏?终极借款人——政府,必须进行干预。要实现这一点,英国政府可以发行金边债券,美国政府可以发行国债,并利用筹集的资金,投资能够创造就业的生产性可持续活动。(我们从直接经验中就可以知道)就业产生收入,如果是正规就业,它也会产生税收收入,可用以偿还债务。在经济衰退或经济疲软时期,公共投资将增加民众信心,为私人部门提供机会,并通过下文所述的"乘数"为政府带来收入——增加税收和减少福利支出。

高薪和技术性的就业不断扩大,会带来税收的增加,税收又将减少公共债务,这一切就像白天之后就是夜晚一样确定。

乘数的魔力

乘数是一个经济学概念,它被正统经济学家普遍认为不再有效。[12]我们不难得出结论,造成这种忽视的原因可能是乘数是作为公共借款和投资的直接结果,而正统经济学家从意识形态上就反对公共借款和投资。然而,IMF的首席经济学家再度引发了有关乘数作用的讨论，令业内人士感到震惊——尽管IMF的重点是负乘数的负面影响。[13]

但无可否认的是：乘数对经济有着至关重要的影响。公共借款会带来新的支出，而这会为经济带来一系列的波动影响。多亏了乘数，公共支出的总体影响，可能远远大于原先政府借贷和支出的催化效应。比如，政府借贷和投资对风电场的直接影响，将首先惠及生产相关风电场设备的公司及现有员工，和那些从投资该行业创造的新就业机会中受益的人。但就业的增长并不止于此，还会有一些连带的影响。支付的额外工资和其他收入将会被用于额外购买，这反过来又会带来进一步的就业。比如，风电场的员工将在住房、食物、交通、观影、服装等方面花钱。凯恩斯写道："如果该国的资源已经被充分利用，那么这些额外购买将主要体现在价格上涨和进口增加上面。"但在经济疲软的情况下，额外消费只会是很小一部分，因为在目前失业的状况下，大部分消费都可以通过失业者已有的"家庭"资源来提供。[14]

这些由乘数触发的累积影响，是由紧缩政策导致的财务失败和经济活动萎缩引发的恶性下行循环（负乘数）的良性逆转。

由纳税人支撑的私人银行体系

为什么即使在公共债务很高的经济衰退时期，政府也可以借贷呢？这可以用政府和中央银行之间的关系来解释。中央银行能够在危机时为政府和银行体系创造大量的流动资金，是因为它们是由纳税人支撑的国家机构。与私人银行、企业及家庭不同的是，中央银行不会面临偿付能力的限制。它是一个国家政府的一部分，而各国及其政府不能像破产企业那样被"清算"。有人会说，德国在二战后被"清算"了，从这个意义上说，它的金融和银行机构被摧毁了。然而，众所周知，德国仍然是一个强大的国家，能够重建它的货币和政府机构。同样地，在津巴布韦经济濒临崩溃的同时，津巴布韦这个国家和它的政府仍继续存在并发挥作用，正是在这种意义上，各国及各国政府与企业等实体大不相同。

当然，主权国家可以在偿还债务上违约，并可以通过印制相对于经济活动来说过量的货币来造成通货膨胀，使得债务实际水平下降，但这与"清算"主权国家或主权国家的破产不一样。

在危机或经济不景气时期，主权国家也有权呼吁或要求其中央银行——货币发行者，以及私人或国有银行（如英国的苏格兰皇家银行）以本国货币来创造货币或信贷。这些货币可用于资助私人银行或政府支出等。中央银行不能以外币创造货币，因此外债成为比国内债务更具挑战性的还款负担。

政府可以通过低利率的方式来筹集资金，这样的能力，是公共财政与私人融资的区别所在。即使政府可能会失去包括外国投资者在内的投资者的信心，这种信心的失去也通常是由于经济疲软而引发的。投资者会把钱借给愿意投资、维持和扩大国家经济健康发展的政府。我们一次又一次地目睹，这种主权政府能立即吸引外国资金，例如1998年债务违约后的俄罗斯或2016年的阿根廷。投资者这么做的原因很简单，他们相信政府会改善经济，而且他们自身作为投资者，将从经济复苏产生的税收中受益。

政府能够运行健全的税收制度，就能够以低利率筹集资金，因为政府拥有企业所没有的优势：积极参与经济活动的纳税人排成了一长列，一直延伸到未来的几代人。这就是为什么政府借款应该尽可能地为了社会的长远利益而考虑。私人企业并不能保证未来有持续不断的客户流存在，然而企业或银行可能会期望未来收入流来源于借款人或房租支付者，但这些流量并不像"死亡和税收"那样确定无疑。如果健全的税收体系到位，政府可以产生收入用来偿还子孙后代的债务——这就是为什么投资者热衷于向稳健的主权提供贷款，以及为什么主权债务即使在经济衰退期间也基本上被认为是安全的，并受到国际投资者的青睐。

2017年，由于通货紧缩压力影响经济，美国股票投资者自2016年年初以来已在股票市场抛售了60亿美元的资金，而且据《金融时报》称："随着情绪继续恶化，（投资者）正在现金、政府债务和黄金中寻找安全感。"[15]

商业银行无法提供贷款

尽管中央银行大幅增加了准备金和其他金融资源的供应量，尽管其资产负债表有所加强，但由于上述原因，商业银行作为货币供应量的主要共同创造者，仍然是失败的。在2007—2009年危机后，全球银行体系并未得到修复、重组或受到重新监管。总体而言，美国经济体中的私人债务并没有得到偿还、去杠杆化或重新组织（重新安排或勾销）。全球范围内积累的大量私人债务仍然是经济复苏的主要障碍。这种全球债务的很大一部分，既由私人银行体系所借出，也由私人银行体系所欠下，并且是"不良的"债务。

美国分析师霍伊辛顿（Hoisington）指出，2015年美国公司债务增加了7 930亿美元，而国内私人总投资（包括固定投资和库存投资）仅增长了930亿美元。[16]这表明7 000亿美元的差额被用于非生产性投机活动。与此同时，企业现金流量下降到2 240亿美元，企业利润下降15%，降至2 428亿美元，为2011年第一季度以来的最低水平。

央行官员、政治家和金融部门

由于紧缩政策和银行对贷款的压制，美国和欧洲的民众多年来承受着失业率上涨、租金和税收升高以及收入下降的痛苦。例如，如今西班牙的失业率比大萧条时期还要高。在美国，大批工人感到绝望而退出了劳动力市场，所以他们的数字并没有算在失业统计数据中。与此同时，受意识形态驱动的政府，利用这场危机削减福利支出，并将公共服务私有化。

金融机构表现得更出色：它们有权以非常低甚至是负利率来获得中央银行的贷款。就像上文提到的那样，银行家利用"轻易得到的"又便宜的中央银行流动资产来弥补亏损，为投机目的借款，并在各种资产类别（房地产、债券、股票、商品等）中引发新的泡沫。通过从中央银行借出廉价货币并向实体经济发放贷款，私人银行家能够在中央银行公务员的帮助下，重新筹到资金来清理其资产负债表。这些举措修复了金融部门的自身财务，却让社会和整个生产性经济付出了巨大的代价。

由于监管机构和决策者对私人银行体系采取了不干涉政策，公共当局无法也不能确保，是否已经将资金转移到了经济体的其他部分中去。中央银行家、政治家和监管者不愿意将银行国有化或重新监管。即使银行被国有化，监管机构也没有用纳税人出资的救助来要求银行家制定条款和条件，更好地管理信贷创造的过程，以及建立更有效的金融传导系统。他们似乎无法从20世纪30年代的经历中吸取教训，那时政府确实向私人银行家施加了条件，因此重新获得了对金融体系的控制权，并且中央银行家确实坚持要求私人银行家创造信贷时要遵循他们的"指导"。

世界各国的政客也没有政治意愿来监管和稳定由腐败的全球私人银行体系所控制的自由流动的离岸资本。

即使金融传导系统不完善，金融部门还是享有"比平时还要好的生意"，部分原因在于这种对金融部门软弱的监管。尽管银行家和金融家可能面临偿付能力问题，但他们所在的机构因为规模太大而不能倒闭，他们自己也因为"太大而没法被抓进监狱"，正如美国时任司法部部长埃里克·霍尔德（Eric Holder）在2013年3月6日向国会委员会证明的那样：

我担心这些机构中的一些机构规模过大，以至于我们很难起诉它们，有迹象表明，如果我们确实起诉它们——如果我们确实提起刑事指控——这会对国民经济，甚至可能是世界经济产生负面影响。我认为这是其中一些机构规模变得太大之后所产生的效果。[17]

只要银行的业务仍然是复杂的一揽子业务，管理这些业务的高管仍然不会受到法律的监管。难怪他们努力游说，阻止对银行进行有意义的重组！尽管人们对"自由市场"的意识形态有所认可，但其实市场力量不再对少数几家大型银行承担的风险施加任何有意义的限制。相反，私人金融机构享受着由纳税人支撑的保护——这与当今主流和正统的自由市场经济理论恰恰相反。鉴于越来越多的人质疑世界上最大的商业银行的偿付能力，这使得银行家既寄生于国家，又对纳税人构成危险。英国《金融时报》专栏作家沃尔夫冈·穆乔（Wolfgang Münchau）粗略评估了银行业破产的程度：

2013年4月，欧元区货币和金融部门的资产负债表总额为26.7万亿欧元。还有多少是未被披露的呢？在爱尔兰，十大银行的损失占该国银行业资产总额的10%。整个银行业的总损失会更高。在希腊，这些损失占资产总额的24%。斯洛文尼亚央行最近估计，损失率为18.3%。
在西班牙和葡萄牙，已确定的损失已超过10%，但总数几乎可以肯定会更高。意大利的不良贷款也在快速增长。

德国是一个有趣的案例。德国银行体系第一眼看上去是健康的。它当然履行了以低利率向私人部门提供信贷的职责。但是我仍然很难相信整个德国银行体系是有偿付能力的。[18]

而监管机构"假装对损失视而不见，延长了危机"，穆乔写道。

结果，私人金融部门再次投入投机活动中，使得新的资产泡沫产生了——抬高了股票、债券、房地产、艺术品等的价格。2009年后的资产价格通胀，大幅增加了富人的财富，而没有资产的人则变得更加贫困。可以预见，贫富差距在不断扩大。当那些再次膨胀的资产泡沫破裂时，又会造成进一步的破坏。

这些事实大家都知道，也不是不理解，但就是没有采取任何行动。

第 5 章

阶级利益与经济学派的塑造

> 经济基本面良好；现在是收紧信贷条件的好时机……金融市场最近的抛售是个好消息……世界经济足够强大，可以应对这些后果。
>
> 《经济学人》，2007年8月4~10日

在2007—2009年的全球经济危机真正开始的时候，同业拆借市场被收紧，而在那周对当时状况做出完全错误呼吁的人，不只有《经济学人》杂志的编辑和记者。[1]大多数学术经济学家对放松金融监管可能给金融体系、全球经济和社会产生的影响存在盲点。

正统学院派经济学家研究的是货币生产和社会结构，也就是货币的利率，而正是对正统学院派经济学家理论的刻意忽视，才给了活跃于金融市场上的金融家巨大权力。对于非学术界读者来说，这可能令人震惊，但其实绝大多数主流经济学家，并不了解也不去研究信贷和货币的本质，甚至对于更广泛的金融和货币体

系，他们也不懂和不去研究。时任英国央行行长默文·金在2012年解释说："现代货币政策理论的主导学派——所谓的新凯恩斯主义模型，缺乏对金融中介的描述，所以货币、信贷和银行业扮演着没意义的角色。"[2]

然而，基于这种不完善经济理论的政策，仍然在西方国家和重点大学的经济系中盛行。令人难以置信的是，他们受到经济学家保罗·萨缪尔森（Paul Samuelson）的基于物物交换的货币和信贷理论的启发："即使是最先进的工业经济体，如果我们将交易追溯到最根本的程度，并揭开'货币面纱'，我们发现个人或国家之间的贸易，在很大程度上归结为以货易货。"[3]

经济学家有效地掩盖了货币创造的真相，而且对于银行家的监管仅仅局限于一个简单的资金充足率的目标，所以，即使在资产负债表实际上仍然不透明的情况下，商业银行家的信贷创造仍然要优于平常。央行继续为投机活动提供流动资金。纳税人继续为金融家和投机者的冒险精神做保证。而银行家又做着与银行业的目标相违背的事，比如，银行家在危机期间停止向英国经济放贷。相反，存款人和储蓄者向银行家提供他们的盈余资金，而预期能得到的回报却很少。刨除所有表面现象，德国历史学家约瑟夫·沃格（Joseph Vogl）教授指出："经济危机本身就是巩固现有经济秩序的一种方式。"[4]

尽管经济学界基本上不为所动（只有少数大学中出现了一些值得尊敬的"异端"），尽管金融经济仍然完好无损，但持续危机对全世界各个地区的破坏性影响却是不可估量的。国际劳工组织称，2015年约有2亿人失业。中东和北非处于政治、宗教和军事动荡的旋涡中，是全球青年失业率最高的国家。即使在2007—2009年的经济危机之前，没有工作的人数也达到了1.7亿。随着金融危机的持续发酵，世界经济形势急剧恶化。欧洲失业率居高不下，面临可怕的政治紧张局势和政治分歧，以及右翼分子甚至法西斯党派的崛起。经济强大如美国，也努力挣扎着想从危机中完全恢复，而且对于政治民粹主义的兴起和"企业法西斯主义"的威胁，即国家和企业权力的合并，美国也不能幸免。

然而，经济学家（有一些明显的例外）却对这些危机置若罔闻，而这些危机又主要是由他们自己造成的。当他们屈尊参与的时候，也是采取失败主义的态度。而且，通常是金融监管放松的受害者，比如美国铁锈地带（美国中西部和东北部工业衰退地区）的次级借款人，反而被指责因过度借贷导致了危机。根据最强大的主流经济学家——所谓的"凯恩斯主义"经济学家拉里·萨默斯的观点，社会正在经历一个"长期停滞的时代"，而造成现状的原因在于一个过低的"自然"利率！公众只能不断地乖乖接受收入下降、公共投资减少、财务失败、破产和失业的命运，因为经济学家有效地论证了："我们无能为力。"

但这一直都是一个谎言。要减轻数百万人，特别是年轻人的痛苦，并对危机后发生的价值破坏进行止损，本来有许许多多的事情可以做。所有这一切的必要条件是，摘去对正统经济学派的有色眼镜。此外，我们可以回顾以前的例子，以及参考20世纪30年代凯恩斯和罗斯福的经验，而不是屈服于金融精英。罗斯福在其著名的就职演说中直接攻击了金融界，这一演讲被反复提及：

> 一大批失业的公民面临着严峻的生存问题，同样一大批人正在努力工作，却只能拿到微薄的回报。只有愚蠢的乐观主义者才会否认当下现实的黑暗。
>
> 然而，我们的苦恼并非缺乏物资。我们不再受到蝗灾的困扰……富裕的场景近在咫尺，但就在我们见到这种情景时，富裕的生活却悄然离去。而这主要是因为统治人类商品交换的人，因自身的固执和无能而失败了，他们也承认了自己的失败，然后推卸责任。肆无忌惮的货币兑换商的做法在舆论法庭受到起诉，人们从心底里拒绝他们。
>
> 面对信贷失败，他们提出的建议只是要创造更多的贷款。当利润失去了吸引力，不能再用来引诱人们追随他们的错误领导时，他们就尝试规劝，含泪恳求人民重新给予他们信心。他们只知道自我追求一代的规则。他们毫无远见，而当没有远见时，人类就会灭亡。

罗斯福和凯恩斯都在着手解决债务型通货紧缩危机，那个时代与我们今天所面临的债务型通货紧缩危机十分相似。他们重建了英美两国持续的经济复苏。最重要的是，他们复兴了民众对民主进程的信心。

英国央行的启示

在英国央行2014年的季报中，有两篇关于货币性质的文章《现代经济中的货币创造》（Money Creation in the Modern Economy）和《现代经济中的货币：简介》（Money in the Modern Economy: An Introduction），这两篇文章对许多主流经济学家来说都很有启示。[5]英国央行的经济学家证实，现代经济中的大部分资金都是由私人银行提供贷款而创造出来的。此外，英国央行强调，这"与课本中描述的一般顺序正好相反"。在此我们得明确一点：这不是某几本教科书的失败，而是几乎所有经济学教科书的失败。

这导致的结果就是，经济学的学生仍然在被灌输一种错误的货币理论。而这种教学失败甚至体现了一种更严重的失败：学术经济学专业本身的失败，学术上的讨论、会议和发表的论文毫无用处，对政策也毫无贡献。我们也不拐弯抹角了：就像英国经济学家和社会科学家，自由党派人士约翰·霍布森（John Hobson, 1858—1940）在100多年前就观察到的那样：

> 挑选一些思想、假说和公式，将它们塑造成一个学派或一种思想倾向，然后在知识界宣传它们，这一切过程明显地受到了阶级利益的压力。正如我们怀疑的那样，在政治经济学中，商业和政治的关联如此紧密，就是最不容置疑的例子。[6]

目前在经济学和社会学领域占主导地位的"思想流派模式"，

为金融精英带来了巨大的资本收益，并导致全球经济长期失灵和不平等加剧。幸好，阶级利益的胜利尚未普及开来。有少数学者反对主流学术界对货币的理解，他们也得到了英国央行理应的支持。但这些少数勇敢的经济学家，在他们的学术生涯中付出了巨大代价：他们不被允许参加学术讨论；他们的论文无法在著名期刊上发表；在制定政策时，他们的意见也不会被政府纳入考虑范围。查尔斯·古德哈特（Charles Goodhart）教授描述了这一现状：

> X教授采取制度分析法来进行货币分析，这样的说法足以让该教授声名狼藉。只有少数非主流的异端学派（以及带有后凯恩斯主义思想的各种学派）的经济学家，才会操心如何将理论联系实际。为什么这样呢，我不知道……对于我们行业的这个分支来说，这不是一个好的现象。[7]

在一个公正的圈外人或经济学界的观察者看来，这很荒谬。经济学家怎么能够不考虑"将理论联系实际"呢？货币是所有经济活动的基石和存在理由，经济学家怎么能在不理解货币的情况下分析经济呢？而那些充分理解这些经济过程的人，怎么会声名狼藉呢？

凯恩斯和遗漏之罪

即使英国央行发现了这种学术黑暗，一些杰出的经济学家仍然看不清真相。英国央行在2014年的文章中对凯恩斯的任何正面提及，都被他们遗漏了。凯恩斯的职业生涯中很大一部分时间，都是在讨论货币理论和适当的货币政策。他于1941年当选英国央行董事，这对于他在这些讨论过程中所做出的杰出贡献来说，就是一个最好的肯定。

凯恩斯对货币性质有着深刻的理解，他的理念也是由此演变而来。他的《货币论》（1930）的开头几章，当时被广泛理解为对这些问题最充分的阐述，并且随后被熊彼特所称赞和肯定。[8]

英国央行2014年的季报公布后，时任行长马克·卡尼宣称英国央行在1694年成立的动机是筹集与法国进行战争的资金。[9]其实并非如此。虽然为战争筹集资金非常重要，但当局更关心的是建立像繁荣的荷兰已经建立的那种银行货币体系，并且这也与今天英国央行工作人员描述的一致。早在1694年，英国央行的目标就是模仿荷兰降低其商业公司支付利率的方法，并使英国利率与经济更发达的荷兰的利率保持一致。

银行货币体系的存在导致利率下降，但是这种理解在金融家大卫·李嘉图（David Ricardo）的古典经济学中却消失不见了。因此，像凯恩斯所说的，信贷理论和相关的银行货币政策只存在于由学者和积极分子组成的"下层社会"中。其中包括亨利·桑顿、托马斯·马尔萨斯（Thomas Malthus）、亨利·邓宁·麦克劳德以及社会学家彼得·纳普（Peter Knapp）和格奥尔格·齐美尔（Georg Simmel），他们不愿意将货币的本质这种问题留给经济学家。

凯恩斯的伟大成就,就在于将这种被经济学者埋葬的观点找回来。他明白,以错误的银行货币理论为基础的经济理论,会导致严重的错误判断,无论是对经济政策,还是对金融和经济危机。他在《就业、利息和货币通论》中设定的任务是,基于对货币的正确理解,设计出一种经济理论。[10]其中,凯恩斯得出的关于实操政策的结论,与他同时代人以及当今建立经济体系的后代都有很大的不同。

凯恩斯认识到,货币体系应该摆脱为特定的既得利益或阶级利益服务,并应重新定位为满足整个社会的需求。正是基于这种理解,才有了二战期间永久低利率的政策,才有了后来的现象:战后接近充分就业,私人和公共部门蓬勃发展,战后金融稳定,收入分配差距空前缩小。

也许可以预见的是,凯恩斯的政策不会持续下去。跟着他的政策被一起掩盖下去的,还有他的理论以及他对货币的理解。古典经济学及其有缺陷的货币理论得以复兴。"下层社会"对银行货币和信贷的理解,只存在于凯恩斯在剑桥的最亲密的同事中,而就算是他们,后来也相继被赶出了这个行业。

在美国的西德尼·温特劳布(Sidney Weintraub)、海曼·明斯基和保罗·戴维森(Paul Davidson)以及英国的维多利亚·奇克(Victoria Chick)等人的帮助下,凯恩斯的理论作为新凯恩斯主义得到了复兴。英国的杰弗里·英厄姆恢复了社会学的传统。新经济学基金会(New Economics Foundation)出版的《钱从哪里来》(Where Does Money Come From)一书,对这种复兴做了通俗易懂的描述。[11]

整个经济学界，尤其是凯恩斯的母校剑桥大学，长期忽略他的理论和政策，考虑到塑造当今经济思想的阶级利益的压力，这种忽略也是在意料之中的。如今的正统经济学家在货币的本质上蒙上了一层面纱，这就意味着凯恩斯的理论结论也被掩盖了。古典经济理论和政策再次保护了既得利益者，而凯恩斯政策会对这些既得利益者产生不利影响。因此，即使英国央行的新发现受到了欢迎，也还远远不够。有缺陷的古典理论是建立在不稳定的上层建筑上的，而所有这一切都应被抛弃。加深对凯恩斯理论和政策结论的理解，将为经济学家和整个社会提供再造经济的工具，以再次恢复平衡与稳定，这样的经济将为整个社会的利益服务。

从凯恩斯拒绝接受金本位制［《货币改革论》（*A Tract on Monetary Reform*，1923）］的那一刻开始，他就在关注如何预防经济危机。在大萧条之后，他就想为恢复繁荣创造条件，并防止此类事件再次上演。

在这一点上，凯恩斯显然失败了。但这次失败并不是他自己的错。因为相比于活在传统智慧中的那时的凯恩斯来说，最重要的是，活在演讲厅的别人口中的凯恩斯已经是一个被严重扭曲和缩小的形象了。现在跟他联系起来的主要是处理经济危机的财政行动，而其实他主要关心的是用货币政策来预防危机。他的目标一方面是国际金融架构的改革，另一方面是低利率的设定。永久地金融监管和廉价货币是他最重要的理想。

但无论如何，经济学界是时候认清了：他们本身的顽固不化和对凯恩斯理论的忽视，将带来极高的风险。世界迫切需要恢复凯恩斯主义。

凯恩斯的货币理论

从理论角度来看，凯恩斯是一位货币经济学家，他了解到，传统经济学或古典经济学与基于信贷的经济根本毫不相关。他关心的是为他所谓的"货币生产经济"来设计一个理论。

在《就业、利息和货币通论》中，他终于明白，区别这种理论和古典理论的临界点都在于长期利率：支撑所有私人活动尤其是投资的利率。

在古典理论中，无论表述得如何精确，利率都被视为决定性事件的被动结果。如今，在这些决定性事件当中，最突出的就是那些被定义为"全球储蓄过剩"、人口增长变缓和生产力下降的事件。在凯恩斯的理论中，正是利率，决定了事件的发生，而被无节制抬高的利率，才是"经济活动中的恶棍"。无节制抬高的利率所导致的恶果，证明了2 000多年来哲学和宗教教义对高利贷的谴责是正确的。

最终，凯恩斯把利率理解为一种根据相互冲突的经济利益的平衡而设定的社会建构。虽然凯恩斯没有使用阶级语言，但他的理论意味着阶级斗争是非常现实的。不过在这方面，他的观点与马克思的观点有所不同：工业部门和劳工有着共同利益，而这些利益受到金融业的反对——凯恩斯称金融业为"既得利益阶层"

或食利阶层。低利率或廉价货币有利于工业部门和劳工，高利率或高价货币有利于金融业。

对于凯恩斯来说，"食利者"的进步，是社会牺牲充分就业、体面的公共产品和服务以及经济稳定而换来的。鉴于"食利者"几乎不可能自己革自己的命，那么对金融体系的公共权力的主张就变得至关重要。

在凯恩斯之前，金融一直由私人机构小心翼翼地守护着。今天，凯恩斯所倡导的这种公共当局的权威被主流经济学家所排斥，同样被排斥的甚至还包括许多进步的经济学家，他们使用"金融压制"这种不精确的贬义概念来抨击对金融部门的民主管理。而对金融的"压制"，就像是把解放奴隶视为对奴隶主权力的压制一样！

在更世俗的理论和实践层面上，流动性偏好理论指导决策者设计了适当的货币和债务管理安排，使任何一个权力机构能够根据贷款的规模来设定利率。

事实上，公共当局有能力实现全范围的低利率。在二战之前和二战期间，凯恩斯达成了降低利率的实实在在的成就，这就是一个证明。

正统经济学、凯恩斯主义和经济大萧条

自一战后的1919年巴黎和会以来，金融机构规定了和平的经济条件。那时金融机构的"经济条款"与金本位时代几乎没有区

别，同样成为现在常见的正统说法。其中包括以下要求：中央银行要保持独立，政府支出应受到限制，流动资本不受限制，普遍实行高的实际利率。

1923年，随着魏玛共和国发生恶性通货膨胀，经济形势迅速崩溃，其严重程度到了令人吃惊的地步。1929年经济崩溃后，大萧条首先在德国开始，然后转向全球。直到1931年9月21日金本位制被废除之后，全球货币改革才从英国开始兴起，经济慢慢复苏。在之后的5年，凯恩斯的思想和政策导致了美国和欧洲阶级关系的重大调整。

凯恩斯的货币管理方案取代了金本位制，此方案在他1923年的作品《货币改革论》中被首次提出。汇率不是由央行贴现率来调整的，而是由央行利用政府提供的大量资金干预外汇市场来进行管理的。这些干预措施将得到一定程度的资本支持，因此可以在全世界范围内大幅降低利率（短期和长期利率，安全和风险利率以及实际利率）。

在1931年英国脱离金本位制之后，英国货币管理计划通过外汇平衡账户来运作。正如私人经济迫切需要的那样，当务之急是在全球范围内降低短期和长期利率。

1934年，罗斯福在世界经济大会上发表著名演讲，将黄金视为"那些所谓国际银行家的迷信"，同时他还邀请世界其他国家，尤其是欧洲国家的金本位制集团，跟随英国的步伐。这对凯恩斯写作《就业、利息和货币通论》至关重要。

凯恩斯将他的理论理解为一种框架，这种框架确保市场不会失灵，只有在不正确理解和错误操作下，才会发生市场失灵的情况。把凯恩斯描绘成市场和自由的敌人，这是完全错误的。他的目标"不是要打击，而是要实现亚当·斯密的智慧"。

凯恩斯痛击竞争对手（包括在英国的对手）的论点，称经济萧条是由于自由放任政策的失败所造成的，而这种失败迫使社会向各种专制主义倒退，最明显的是阿道夫·希特勒的崛起，他几乎是与罗斯福在同一时期掌权的。

在美国、法国和英国，金融领域的公共权力，事实上（如果不是在法律上）是由各自的中央银行强加的，这些中央银行即美联储、法兰西银行和英格兰银行。10年后，英国工党政府的第一项举措，就是将英格兰银行国有化。在希特勒统治下的德国，私人金融权力占上风。与传统观念相反的是，尽管希特勒最初的出发点可能是解决失业问题，但他和耶尔马·沙赫特（Hjalmar Schacht）都故意明确地拒绝了货币改革，并坚定地站在了金融手段的一边。相比之下，在罗斯福总统的新政下，民主政府从金融正统观念的限制中解脱出来，反而取得了最为有效的结果。

1936年2月，凯恩斯的《就业、利息和货币通论》出版时，金本位制就已经开始走向解体。1935年3月，当比利时宣布货币脱离黄金时，凯恩斯的言论在历史上空回荡，"荷兰和法国银行中愚蠢而顽固的老先生试图将他们的国家钉在十字架上，这种斗争最终肯定是徒劳无功的"。[12]

1936年9月，布鲁姆当选法国总统，当时法国通过了实施货币管理的决议，"黄金十字架"终于被解除了，与此同时，金本位制崩溃。根据三方协议，英国和美国政府已同意支持法国汇率，如此一来，货币改革就变成全球性和合作性的了。公共当局对金融以及廉价货币的控制，从此盛行于世界大部分地区。

现在这个时代

除了1945年英国工党政府执政的5年，这种重新调整阶级利益的决心在战后时代被打破了。最明显的意向声明是，美国在1944年英国的布雷顿森林会议上拒绝了英国政府对凯恩斯国际清算联盟（International Clearing Union，简写为ICU）的提案。国际清算联盟被设计为一家全球性独立银行，它将持有所有的国际储备，并管理和"清除"各国之间的所有借记和贷记款项，并通过这种方式确定汇率变化。相反，正是因为美国在被战争破坏的世界中扮演了霸主的角色，所以在二战后，美元在世界上被赋予了核心权力。不过，即使全球经济轨迹注定要偏离凯恩斯主义和货币改革，但向扩张性财政政策的妥协、对资本流动的限制、对贸易失衡的管理、相对较低的利率以及战后政府角色的强化，都带来了巨大的进步和繁荣。

金本位时代（1947—1971）名副其实。正如戴维·史密斯（David Smith）指出的那样，当时的通货膨胀率和失业率，在世界范围内都是很低的，"后来才在英国爆发开来"。[13]经济活动、戏剧、体育和音乐蓬勃发展，不平等程度下降，甚至公共财政也稳定下来了。

1983—1991年的英国财政部常务次官彼得·米德尔顿（Peter Middleton）爵士，在1960年最开始加入财政部时，描述了那时英国的情形：

> 那段时间，财政部充满信心、意见一致。战后通货紧缩已被避免。战时白皮书中承诺，要实施就业政策以保持高度稳定的就业水平，这个承诺不仅实现了，还达到了远超任何人预期的程度。这在以下两个报告中得到了重申：1956年关于充分就业的白皮书和1959年《拉德克利夫报告》（Radcliffe Report）。我们曾经在布雷顿森林体系中生活过——那时有时有些风雨飘摇，但总体还是成功的。[14]

但是，当时的经济学家和决策者忽视了充分就业的实现，这种忽视程度一点儿也不比今天低，即将其视为不可能之事。相反，他们推动了一个基于"增长"和金融自由化的议程。

从20世纪60年代初期全面失业率达到2%的情况来看，英国决策者与OECD一致同意，将实际年度"增长"的目标精确地确定为4%。这些不切实际的目标，加上对金融体系放松管制，不可避免地导致了20世纪六七十年代的通货膨胀。通货膨胀是金融自由化的结果，这些金融自由化的政策与凯恩斯提倡的政策相去甚远，但人们仍然把通货膨胀的责任归咎于他。[15]

20世纪60年代，金融从所谓的"压制"中解放出来，低利率在世界范围内被高实际利率所取代。

凯恩斯仍然因为这些政策受到了错误指责。虽然表面上经济学家宣称这些政策反映了凯恩斯的失败，但实际上他们是想用这些论点来支持金融自由化和全球化的加剧。

从凯恩斯理论的角度来看，1980年将货币利率恢复到高水平，这是最关键和最危险的转变。从那时起，发达经济体长达35年来一直承受着失业率居高不下、周期性金融危机和严重的经济不稳定。在私人债务最大限度地扩张且无法再维持之后，终于爆发了2007—2009年的全球金融危机（见图5.1）。

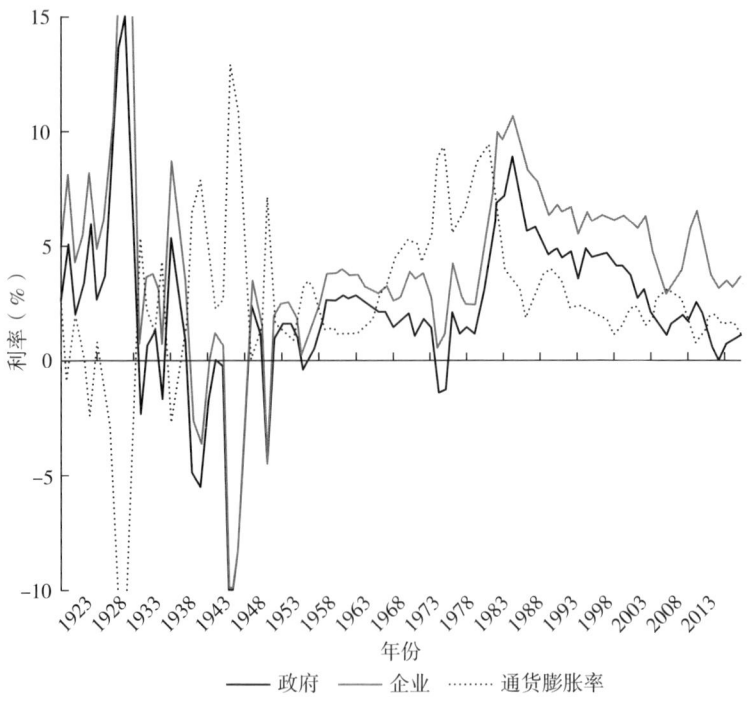

图5.1　1923—2013年的美国实际利率

资料来源：Geoff Tily, 'The Long-Term Rate of Interest: Contrasting the Council of Economic Advisers and Keynes', Policy Research in Macroeconomics, 3 November 2015.

与20世纪30年代一样，这些债务是易获得的高息借款的产物。

贷款不受公共当局管理且贷款无法偿还时，会导致债务不可持续。相比于低息借款，高息借款更可能导致债务无法偿还。

经济学界认为经济活动带来的失败——"长期停滞"，是新常态。这种令人沮丧的前景，预计将无限延伸到未来，而利率被认为仅仅是这种经济状况的被动反映。一直以来，各国政府都被要求削减开支，在严格的限制条件和工具大大减少的情况下来管理低投资率、失业和政治不稳定等情况。而对于凯恩斯，人们仅仅将他同那些反对过度实施财政整顿的人联系在一起。

政治家只不过是听从了经济学家一贯以来的建议来制造政治资本，在经济衰退期间通过财政整顿来收缩经济活动——"我们在平衡账面""量入为出"。然而，不出所料，裁员在欧洲、日本或美国并没有解决任何问题。私人和公共债务在累加，而且通货紧缩的力量会摧垮发达经济体。

在当前这些背景之下，新兴的独裁主义被许多人合理化，这也反映出在这场可怕的危机之后西方民主的软弱和无能。除了美国参议员伯尼·桑德斯参加2016年美国总统大选那样的竞选活动，金融部门——伦敦金融城和华尔街——的巨大权力，并没有受到左翼、社会民主党甚至是社会上的反动势力的任何实质性挑战。

今天的凯恩斯

凯恩斯思想的威力之大，史无前例。它对既得金融利益者的相关威胁是显而易见的。要正确理解《就业、利息和货币通论》，就要认识到一个伟大的世界是真正有可能实现的——不仅对我们这一代人来说可以实现，对于我们的孙辈来说也是如此。凯恩斯是英国一位伟大的天才，其地位可与达尔文媲美，即便如此，他的《就业、利息和货币通论》也没有在剑桥大学的课堂得到认可，这一事实多少让我们能知道一些关于当代经济学家的真相。正如奥斯汀·罗宾逊（Austin Robinson）在1972年的《经济杂志》（*Economic Journal*）中所写的那样："如果重新评估一遍，而凯恩斯在这过程中没有被评为一位真正伟大的人物，那么，我重申一下，很遗憾肯定是这个评估标准出了问题。"

第 6 章

应该剥夺银行创造货币的权力吗

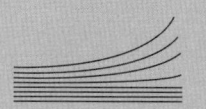

主权货币运动

2016年的时候，金融危机还远未结束。危机重灾区从2007—2009年的华尔街和伦敦金融城，在2010年移到了欧元区，然后在2015年移到了"新兴市场"。持续的危机导致公众愤怒的浪潮不断蔓延，遍布各大洲，而愤怒的矛头主要指向私人银行家。但公众的愤怒也越来越多地指向积极保护金融家利益的政治和技术官僚机构：政治家和技术官僚将他们的"自由市场"理论抛到一边，转而保护私人金融风险承担者，使之免受市场和法制的约束。私人银行的损失由整个社会承担，政府慷慨地动用公共资金和担保来拯救私人银行家和整个金融体系，这样的方式实在令人愤慨。

在英国，对于这场严重危机的肇事者，人们有着严重不满，这引发了货币改革者进行"主权货币"运动，并召集了一个卓越的反银行联盟。联盟由反凯恩斯主义者、货币主义者、正统学者和中央银行官员等组成。他们的关键需求是一个国家的货币供应应该被国家化，银行应该被剥夺创造信贷的权力。相反，这种权力应该转移到中央银行的技术专家委员会手中。该委员会将在广泛磋商之后，确定经济对融资的需求，也就是《债务或民主》（*Debt or Democracy*）的作者玛丽·梅勒（Mary Mellor）所宣称的"以民主方式来决定金融配置"[1]。委员会随后将创造并定期调整所需的无债货币供应，以满足国家财政需求。银行家将充当储户和贷款人之间的中介。该运动几乎没有关注高利率的影响，事实上，这项"主权货币"运动是有效果的，因为它们可以限制贷款。但对于跨境金融的流动，以及这些流动对国内经济政策的影响，这项运动少有提及。

主权货币改革者得到了一些精英的支持，包括INET主席阿代尔·特纳勋爵（Lord Adair Turner）和英国《金融时报》的马丁·沃尔夫（Martin Wolf）。沃尔夫认为，"用政府创造的货币来取代私人债务创造的货币，这个建议是完全可行的，并且会带来实质性的好处"。[2]

虽然我接下来将对他们的具体建议提出质疑，但我也很清楚，今天的货币改革者必定会受到欢迎。他们瞄准了肆意妄为和贪婪的银行家。他们正在引发一场公共辩论，讨论的是公共政策这一重要领域。他们正在挖掘有关货币创造和货币体系的知识，这些知识早已被埋藏起来，属于"比较无知学"[①]的领域：这门

[①] 比较无知学（agnotology），一种新兴学科，以不准确或有误导性的科学数据而导致的无知为研究对象。——译者注

学科研究无知，研究丢失和遗忘。³

但正如前面所解释的那样，货币创造的真相其实早已被人领会。苏格兰的天才约翰·劳在18世纪就理解了信贷和银行货币。他因为1720年在法国的精彩私生活以及其他一些失控事件，而被人记住（以及贬低），但他对于货币的理解，远超于比他更著名的同乡亚当·斯密。法律书籍《论货币和贸易：兼向国家供应货币的建议》（*Money and Trade: With a Proposal for Supplying the Nation with Money*，1705）和《论土地银行》（*Essay on a Land Bank*，1720）为今天的先进货币体系铺平了道路。⁴

托马斯·杰斐逊（Thomas Jefferson，1743—1826）和亚伯拉罕·林肯（Abraham Lincoln，1809—1865）也理解了这个货币体系，并且对于华尔街或林肯所说的"货币权力"，有了正常的担忧。但是，凯恩斯、熊彼特、明斯基和加尔布雷思等人却很难与经济学界的同事分享他们对信贷和货币的理解。

要让许多主流和正统经济学家正视银行贷款创造存款这一事实，是极其困难的，鉴于此，今天的货币创造运动改革者再次提出了正确的问题：为什么公众对货币创造和货币体系如此无知？谁制造了这种无知？为什么主流学术经济学家对信贷、货币、银行和债务的认知存在盲点？最重要的是，货币改革者提出：银行体系为什么会给社会带来巨大的债务压力，使债务水平到了导致经常性的"金融和经济危机"的地步？这些深刻的问题，挑战着经济学界的傲慢和无能，也挑战着造成持续危机的金融和政治机构。

货币改革者对于失控银行家和高企的、不可持续的债务水平非常重视，我对此也深有共鸣，但对于他们提出的解决这些问题的建议，我持非常不同的意见。我担心他们正在倒退，并将许多人带入知识的死胡同中。这只会增加公众的愤怒和挫败感，同时让金融危机的肇事者和他们的经济学领域的朋友逃脱责任。

货币改革者倡导采用各种各样的"新古典经济学"手段，这种经济学在20世纪30年代被证明是落后的，在20世纪70年代和80年代又带来了灾难性的影响。这种学说的思想早已名誉扫地了，但在今天仍被主要经济学家所提倡。所以，如果货币改革者在经济政策和理论的丛林中迷失了方向，那么在我看来，经济学家就是罪魁祸首。

在本书中，我试图解释一个健全而公正的货币体系是如何运作的，以及它是如何为整个社会的利益服务的。在本章中，我将直面货币改革者提出的具体问题，向其发起挑战。

货币改革运动的目标

正如社会学家玛丽·梅勒所写的，货币改革者的主要目的是剥夺私人银行家创造货币的权力，取而代之的是"让公众对无债货币供应进行控制"。玛丽·梅勒认为："这场危机揭示了，创造货币的最高权力是在银行部门，而不是在人民手中。现在该是人民宣布享有这一至高无上的权力，并用民主来取代债务的时候了。"[5]

非政府组织积极货币组织（Positive Money）①在其出版的《创建主权货币体系》(*Creating a Sovereign Monetary System*)中提出了以下建议：

> 中央银行将专门负责创造新的货币，以支持非通货膨胀性增长。它将直接管理货币的创造，而不是利用利率来影响银行的借款行为和货币创造（目前就是这种情况）。创造货币的决定权将由一个新成立的货币创造委员会（或现有的货币政策委员会）来行使。该委员会将对英国财政部特别委员会负责，财政部特别委员会由跨党派的国会议员组成，负责监督审查英格兰银行和财政部的行为。委员会将不再制定利率，利率将由市场决定。[6]

玛丽·梅勒赞同积极货币组织的倡议：

> 要想清除银行创造的债务及其增长的动力，最简单的方法是从银行体系中取消创造新公共货币的权力，或是严格限制它。银行将被限制为只能做被大多数人认可的事情：把储户的钱借给贷款人。新的公共货币可以由公共货币当局无债发放，直接投入经济中以满足公共需求，而不是通过银行发行

---

① 积极货币组织是一家总部设在伦敦和布鲁塞尔的非营利组织，致力于各种货币改革。积极货币组织的使命是"实现公平、民主和可持续经济的货币和银行体系"。
——译者注

债务来创造。[7]

然而，与积极货币组织的政策形成鲜明对比的是，玛丽·梅勒提倡更多的"参与式和协商式的民主"：

> 对公共货币的完全控制权，不应该落在掌权的政府或国家机构手中。不管是公共金融机构，还是私人金融机构，都难免有贪污和腐败的现象。公共和商业货币的创造都需要公开透明以及明确责任人。经济的民主必须比当权政府的民主更广泛……让公众参与决定分配货币，对于民主来说将是巨变。[8]

遗憾的是，考虑到主权货币改革者使命的重要性，我们将他们提供的解决方案追溯到过时的"货币数量论"，这一理论最早由让·博丹（Jean Bodin）于1560年提出，后来由戴维·休谟（David Hume）、约翰·斯图亚特·密尔（John Stuart Mill）等人加以阐述。支持积极货币组织的约瑟夫·胡伯（Joseph Huber）在其网站上解释说：

> 货币数量论是经济学中最古老，最经受得起验证的基本理论之一，它如今的重要程度依旧不减当年。根据这个理论，健全货币政策和稳定金融环境的关键在于控制货币供应……至于主权货币，其使命是完全控制货币供应，使货币流通量达到与经济增长相称，避免左翼人士所说的通货膨胀悬崖，

以及右翼人士所说的通货紧缩浅滩。[9]

"重新审视芝加哥计划"

中央银行高层的一小部分技术专家认为，"对货币供应的完全控制"是一项难以完成的艰巨任务，他们需要监管一个每天都有成千上万笔交易发生的经济体。这也是"芝加哥计划"（The Chicago Plan）的宏大志向，芝加哥计划由亨利·赛门斯（Henry Simons）和欧文·费雪（Irving Fisher）于1933年制定，是"健全货币政策和稳定金融环境"的货币数量论的化身。这被当时的美国政府所忽视，在很大程度上是因为政府听取了凯恩斯的建议。凯恩斯在1933年12月的《致罗斯福总统的公开信》中攻击了货币数量论：

> 另一种谬论，我担心它产生的影响，它来自一种粗糙的经济学说，通常被称为货币数量论。如果货币数量严格固定，那迟早都会阻碍产量的提升和收入的增加。有些人似乎从中推断出，产量和收入可以通过增加货币数量来提高。但这就像试图通过购买更长的腰带来使自己变胖一样，是本末倒置的。在今天的美国，其实目前的"腰带"对于现在的"肚子"来说已经足够长了。最具误导性的是强调货币数量而忽视支出数量，前者只是一个限制因素，后者才是决定性因素。[10]

凯恩斯的抨击似乎只是一个暂时的阻碍，1933年的芝加哥计划已经恢复了。2012年，这个理论被IMF的两位经济学家重新启用，迈克尔·库姆霍夫（Michael Kumhof，现供职于英国央行）和亚罗米尔·贝内斯（Jaromir Benes）发表了"重新审视芝加哥计划"（The Chicago Plan Revisited），重新讨论了它的观点。[11]由于贝内斯和库姆霍夫承认银行提供"存款……通过额外的银行贷款创造存款"，因此主权货币改革者热情地欢迎"重新审视芝加哥计划"，就好像这是一个激进的新计划一样。很快赛门斯和费雪的想法就被融入积极货币运动中，并被一系列民间社会活动家、经济学教授、记者和智库所采用。

最初，在1929年股市崩盘和随后出现的大萧条之后，赛门斯和费雪义愤填膺地写出了"芝加哥计划"。他们亲身经历了20世纪20年代的廉价货币阶段，也亲眼见到肆意妄为的银行贷款在推动资产价格膨胀、股市暴涨和市场狂热中所起的作用。他们建议要剥夺私人银行家创造货币的权力。然而，他们的理论和计划是建立在不稳固的理论基础之上的。[12]

首先，赛门斯和费雪认为（许多人仍然这样认为）货币本身没有价值。它仅仅是一种安排交易的机制，是一层"面纱"，蒙在真正重要的经济活动——交易员和企业家之间的交易之上。他们区分了货币功能（政府发行的纸币和硬币）、政府的"储备"（他们定义为"货币"）和（私人）信贷功能。他们似乎认为最后一个功能可以和前两个功能分开。[13]虽然赛门斯和费雪承认银行在信贷繁荣期间创造了"自己的资金"，但与之相冲突的是，他们又认为所有的货币最终都是"政府发行的货币"。[14]根据这种理解，货币数量由中央银行确定，这导致在任何特定时期的货币数量都是给定的。经济中货币数量的变化导致其他经济变化，特别是物价上涨带来的国民收入提高的变化。

与早期的数量理论家一样，赛门斯和费雪在承认信贷存在的同时，还要费力去理解信贷，并将信贷融入他们的"政府发行"货币的理论中去。相较之下，他们更认同有形货币（政府印制的纸币和硬币）以及货币是政府发行的"储备金"这一概念。由于贷款而产生的银行存款这一部分货币被视为没有政府作"后备支持"的货币，因此，贝内斯和库姆霍夫再次采用了这些观点，他们认为，根据他们的"重新审视芝加哥计划"，货币数量和信贷数量将完全相互独立。[15]

其次，赛门斯和费雪假设银行单独创造了自己的货币资金。按照这种观点，在信贷创造过程中，不可能有借款人及其代理机构，不可能有企业投资和消费者的消费冲动，不可能有决定经济活动状况的更广泛的经济决策，不可能出现这个国家的人愿意借款，而另一个国家的人缺乏信心、不愿借款。而且，按照这种观点，在引发危机的情况下，无论是安全贷款还是高风险贷款，无论是生产性活动还是投机性活动，都不可能有高利率。另外，也不可能有银行贷款产生的收入和就业创造活动。相反，我们的假设是银行家要对经济繁荣期间货币供应扩张负全部责任，而在经济低迷时期通过收缩货币供应来故意摧毁这些资金。

最后，尽管否认"货币是原始商品的观点"，古典经济学家还是认为货币供应可能是稀缺的，也可能是过量的，正如商品可能出现过量和短缺一样。[16]贝内斯和库姆霍夫解释说，银行的行为可能导致货币供应的"过量或稀缺"，进而导致通货膨胀或通货紧缩。他们专注于银行家的行为，却忽略了监管背景：公共当局允许银行放贷的简单的"宽松式管理"。同时，他们也忽略了企业或个人借款的意愿高低，及其在扩大或收缩货币供应方面的作用。而且他们也没有讨论或分析银行家放贷的更广泛的经济条件。

这种狭隘地关注货币供应的方法，忽视了货币是用来干什么的。相反，它假设信贷的供应和收缩只是银行家的主观故意选择。有人认为，通过将货币供应国家化，政府可以绕开银行体系，来防止货币短缺以及增加货币供应。

顺便提一下，弗里德曼采纳了赛门斯的观点，并支持他提出的在经济衰退时要严格管理财政政策的建议。弗里德曼主张采用的"财政规则"，就像赛门斯和费雪的100%储备银行体系那样，又一次出人意料地流行了起来。正如戴维·史密斯在他的《货币主义的兴衰》(*The Rise and Fall of Monetarism*)一书中所解释的那样，弗里德曼在1948年的一篇论文中主张，100%储备银行体系是：

> 一种倒退，是在现代复杂的经济体中，要求将时钟拨回到银行只能发行与金库里黄金数量完全等量的纸币的时刻。第二个要素是（弗里德曼）赋予财政政策与经济管理同等的作用……尽管这种作用是基于严格规则，而不是灵活性。[17]

弗里德曼后来认为，财政支出计划和税收结构都不应该随着经济活动的周期性变化而变化。

货币的过量和稀缺

赛门斯和费雪的货币理论在交易中的用处是明显的，但他们忽视了凯恩斯提供的重要见解及其革命化的货币理论：货币也可以用来满足投机动机。这种货币的使用，显然与为购买和销售而持有的货币非常不同。因此，虽然用来购买太阳能电池板的利率合适的银行贷款（货币），可能出现短缺，但是对于用来投机（比如投资伦敦房产）的高利率资金，可能会过剩。就像INET主席阿代尔·特纳勋爵所说的那样，如果监管条件一方面禁止对房地产投机贷款，另一方面又鼓励购买太阳能电池板的实体经济贷款，那么关于货币供应、通货膨胀和银行家角色的讨论，将截然不同。

把货币的起源看成购买商品和服务的手段，所导致的后果是，货币的"价值贮藏"这一功能，并没有得到20世纪30年代货币主义者的同样关注，也没得到今天的货币改革者太多的关注。之前，包括现在，如何处理那些从银行借来用于投资进而产生收益的货币——资本，关于这个问题的讨论也是少之又少。首先，资本可以作为现金持有；其次，可以作为证券持有，或投资于安全资产；最后，用于投机性目的的投资。对于大多数古典经济学家和他们现在的追随者来说，资本和跨境资本流动的管理是一个不太重要的问题。

积极货币组织理所当然会抵制避税天堂和逃税活动，但对于"离岸"资本和资本流动性却毫不在乎。不稳定的投机资本在国际上流动，虽然受到了国际金融家和债权人的欢迎，但投机资本不仅剥夺了国内政策制定者的自治权，同时也剥夺了他们制定最有利于国家利益和经济繁荣政策的能力。这些离岸资本的流动必然导致逃税，同时也会导致不利的汇率波动（"货币战争"），这种波动对于贫穷国家来说尤为危险。最重要的是，流动资本剥夺了一个国家政府当局通过确定最合适的利率来管理经济繁荣的权力（此利率用于生产性贷款，包括各种短期和长期贷款，同时考虑通货膨胀）。因此作为金融体系的一个关键方面，被凯恩斯视为最基本要素，却被今天的货币改革家忽视，真是遗憾。

当费雪和他的现代支持者回应货币主义者和奥地利经济学派（拒绝宏观经济学的奥地利正统经济学派）的另一个误解时，货币供应是重要的这一观点又被反复提及。该观点认为总体经济活动趋于稳定，或者趋向于一种均衡，在这种均衡下供给满足需求，进而就业达到充分。在这个观点中，执政当局很少能够改变或提高经济活动水平。相反，这些将交给"看不见的手"，让它来推动经济达到充分就业状态。

根据这种观点，如果针对特定经济活动水平的货币供应量过高，结果将是物价上涨或通货膨胀。货币主义者认为的解决方案是减少货币供应量。然而，总体经济活动（尤其是就业）从未固定或稳定过。它起伏不定，不仅取决于货币供应量，还取决于更广泛的经济条件，这些经济条件受政府和中央银行的监管情况以及财政和货币政策影响。虽然凯恩斯试图通过调控监管政策、货币政策和更广泛的经济条件来确保最佳就业水平和经济繁荣水平，但是包括弗里德曼在内的反对者，则倾向于将总体经济活动和失业问题留给市场这只"看不见的手"。他们只关注货币数量，将其视为由政府发行。这种强调和方法使得20世纪80年代的货币主义者忽视了私人银行家的活动，并对其解除管制，转而关注公共货币供应，这种关注体现在政府支出中。贝内斯和库姆霍夫提醒了我们，作为撒切尔夫人的主要顾问之一，芝加哥经济学家弗里德曼在他后来的著作中采取了与赛门斯和费雪截然相反的方法：赛门斯和费雪主张通过加强对银行贷款的管制来加强对政府创造货币过程的控制，弗里德曼恰恰相反，他关心的是让政府承诺遵守固定规则，设定这些规则的目的是避免政府去干涉（私人）借贷关系。[18]

弗里德曼对"固定规则"的偏见以及相关的货币主义政策，被撒切尔夫人的政府所运用，事实证明，它在控制通货膨胀方面败得一塌糊涂。相反，通货膨胀率、失业率和破产率都急剧上升。

高利贷的利率

在"重新审视芝加哥计划"中，高昂的高利贷利率被视为历史趣题，对其重要性似乎没有多少关注。库姆霍夫和贝内斯认为，中央银行家"只有一个政策工具，即短期政府债券的名义利率，此利率对货币和信贷都有影响"。[19]货币主义者和当今的中央银行家，宣称自己别无他法，只能依靠基准利率或政策利率作为影响经济活动的唯一方式，虽然事实并非如此。库姆霍夫和贝内斯认为，根据他们的计划，政府"作为唯一的货币发行人，可以直接控制储备的名义利率……而且这个利率将一一传递给存款人"。同样，他们只考虑适用于存款人和储户的利率，而没有考虑到需要进行经济活动的成千上万的借款人——有些借款人风险高，有些风险没那么高，这种偏爱毫无疑问是一个粗心大意的盲点。

与正统经济学家一样，货币改革者忽视了适用于不同贷款规模的贷款利率的问题。曾几何时，央行利率非常低（英国为0.5%，美国为0.5%，欧元区为0，澳大利亚为1.75%，日本为0）。相比之下，对于透支和借贷给那些活跃在这些国家实体经济中的工人、企业家和学生，实际利率（考虑通货紧缩压力）非常高（英国无担保透支的利率是20%，25年期抵押贷款的利率是4%；对于企业来说，高评级债务的利率与基准国债收益率的平均差扩大到了1.84%——这实际上非常高了）。这些利率阻止了借贷，从而影响了经济的投资水平和购买力水平。那些别无选择，只能以高利率借款的人，包括小型和大型企业、贫困的学生以及绝望的需要还贷的业主。在通货紧缩的环境中，由于收入、奖金和现金流实际上都在下降，所以利率实际是上升的。

同样令人失望的是，"激进"的货币改革运动对于利率在兴建债务这座大山当中所起的作用漠不关心。如果这个债务体系没有得到有效管理，那么用于大量投机活动的高利率贷款，必然会造成无法偿还的债务负担，并导致庞大的私人债务，这在"紧缩"

的经济环境下尤其如此。货币改革者在这一点上是正确的，他们认为这种私人债务是不正常的，从社会、政治、道德和经济各个角度来说都是不正常的。这就是为什么即使在央行利率很低的情况下，也应该公开严厉谴责高实际利率，同时也应对该系统进行改革，并设法使各个层面的贷款利率保持在较低水平。

对货币理论与政策的这一重要影响的忽视，也许正是那些倾向于保护富人利益的古典和新古典主义经济学家所期望的。但一场旨在打击肆意妄为和腐败文化的公民社会运动也对此视而不见，真是令人失望。

是借款人，而不是银行家，决定了货币供应

在今天占主导地位的"自由金融"经济模式下，银行的确可以凭空产生信贷和银行资金。但是，没有客户有需求或请求贷款的话，（许可的）银行也没法创造信贷。换句话说，每当银行家或影子银行家开始创造货币时，他们都是为了响应某一客户的信贷申请。

在每个工作日，任何一家银行，都有数百条甚至数千条此类用于贷款或透支的申请。从这个意义上讲，货币的创造不是自上而下的过程，而是完全相反的。所有的货币都是由于需求（或缺乏需求）而产生的（或抑制的）——这些需求自下产生，源于成千上万甚至数百万借款人的经济活动。这些借款人有能力和权力影响货币供应。

当然，私人银行家有权拒绝借款人的贷款请求，或制定固定的利率和贷款条件来使得借款变得很不划算。同样，在我们解除管制的制度下，他们也有权为肆意投机提供贷款。

虽然赋予了私人银行家如此大的权力，但货币体系从某种意义上来说还是民主的。这是一个自下而上的过程，而让这个过程起作用还需要"另一个巴掌"。金融体系的健康程度和盈利能力，取决于个人或企业为了创造经济活动而冒风险向银行家或债权人借钱的意愿和能力。如果像2007—2009年经济危机后的情况那样，个人或企业不愿意借款，尤其是以高利率借款，那么为经济活动提供的贷款数量就会下降。这导致的后果很严重：投资和就业也会下降。随着贷款申请和资金需求减少，银行家和借款人会对经济产生通货紧缩的影响。

如果在繁荣时期，对贷款的需求扩大以至于超出了经济体的能力，换句话说，客户申请和银行创造了太多的信贷，然后用于追逐太少的商品、服务和投机资产，那么货币供应就会扩大。在这种情况下，过度借贷以及信贷创造可能会对经济产生通货膨胀的影响。如果以高昂的实际利率借出或借入资金，那贷款自然很快就会变成无法偿还的债务。

货币改革者正确地指出这一点：如果没有适当的规范，借入的资金可能被持续用于不计后果的投机活动——这种投机活动最终会导致全球金融危机。（自金融危机发生以来，极少有限制这种不计后果的贷款的做法。事实上，自那时以来，全球私人部门的债务已经急剧增加。）鉴于全球金融体系的相互关联性，危机可能给全世界的债权人和债务人造成巨大的损坏、损失和痛苦,还会伤及更大范围内的经济和社会中的无辜者。

由于创造的货币可以被用于不计后果的,有时甚至是灾难性的投机活动,那么支持废除所有私人部门的货币创造,是不是就是对的呢?支持货币供应的集中调控,同时禁止银行贷款,以及限制个人和企业借款,是不是也对呢?我的回答是不对,原因是"在决定货币分配过程中公众的参与",引用玛丽·梅勒的话,当个人向银行申请贷款时,如果这些贷款申请被批准,那这在扩大货币供应方面将起到重要作用。在微观层面上取消公众对创造国家货币供应的参与,取而代之的是将这种权力赋予中央银行一小部分精英男性组成的委员会,那么我想我们会走上通向专制国家的道路。

此外,仅将"通货膨胀目标制"作为唯一条件来集中控制货币供应量,将把巨大的财政和经济权力赋予少数技术官僚,而这些技术官僚中的大多数都沉浸在正统的经济教条中。相信这种教条的结果就是,这些技术官僚作为"国家财政的监护人",他们在2007—2009年危机之前和危机期间都失败了。今天几乎所有中央银行的技术官僚,在应对危机方面都表现不足。他们没有重构和适当调整监管政策,来稳定全球金融体系,并且他们自己也承认,他们加剧了全球不平等现象。这反过来又导致民粹主义和极端主义的兴起——所有这些都对经济和社会构成了真实存在的、非常严重的威胁。这些不负责任的官僚手里掌握着巨大的权力,且他们其中许多人习惯于在保密和不透明的条件下进行货币运作,这只会进一步削弱民选议员问责制的作用,并加剧民主赤字。

银行家拥有专制权力，这种专制权力既来自对他们的放松管制，也来自经济学家对他们的动作睁一只眼闭一只眼。如果民主政府及其中央银行终结银行家的专制权力，情况反而会好得多。相反，那些在实体经济中活跃的人的力量应该被加强，换言之，要大力扶持私人银行体系中与"创造者"相关的部分，"创造者"就是创造就业机会、提供服务和承担创新风险的企业家和工人。

民主政府要明确这一点，银行家和资本市场的力量几乎完全来自政府和中央银行提供的公共产品和服务。而且由于货币创造与其他任何经济活动或商业活动完全不同，民主政府及其公务员作为"国家财政的监护人"，必须站在整个社会利益的角度上，对以纳税人为后盾的私人银行体系进行监管和规范。其目的必须是，确保贷款的管理能够在很大程度上阻止投机活动，并且对有关融资可得性和利率设定的决定的管理，不应歧视"创造者"，而应为整个社会、经济和生态系统的利益服务。

私人部门赤字不能为经济活动提供资金

银行部分准备金制度深受货币改革者的青睐，这意味着银行家只能把储户或存款人存在银行里的储蓄或存款借出去。我们从经验中得知，私人部门也可能陷入赤字：私人部门的支出可能超过收入，导致储蓄下降。早在2003年，韦恩·戈德利（Wynne Godley）教授解释说，美国私人部门的财务平衡，如何"从占GDP 3%~4%的历史正常范围，于2000年第三季度转变为前所未有的占GDP的-5.5%……并且在2002年第四季度仍为-1.1%，这意味着当时的私人部门支出仍高于私人部门收入"。[20]在这种情况下，主权货币改革者提出，负储蓄率意味着贷款必须收缩到与储蓄相同的负利率。一些改革者提出，银行可以简单地提高利率以吸引储户的资金。这无疑意味着新贷款利率必须更高才能弥补较高的资金成本。另外，拟议的货币创造委员会可以"同意创造新的货币并将其借给银行，要求这笔资金用于对GDP有贡献的企业（而不是用于房屋贷款或金融投机）"。[21]然而，银行全额准备金制度（full reserve banking）①的原则总体上更占优势，因为货币创造委员会的成员是否愿意为银行体系"创造新的资金"几乎没法确定。银行业独立委员会（Independent Commission on Banking）认为，这无疑会提高贷款利率，但也会降低英国银行体系的贷款能力。这将导致经济活动（就业、投资和支出）空前萎缩，达到与现有储蓄一致的低水平（在一些国家储蓄甚至更加有限）。

这是金本位时代采用的方法，导致了大萧条：经济活动、就业和政府支出被削减从而与中央银行金条的价值保持一致，这些金条数量有限且有时还会不断缩减。根据拟议的主权货币体系，货币或资金将再次短缺。正如积极货币组织的支持者安德鲁·杰克逊（Andrew Jackson）和本·戴森（Ben Dyson）在他们的《货币现代化》（*Modernising Money*）一书中提出的观点，稀缺将把现有储蓄的利率提高到创纪录的水平，它还会使那些已经十分富

---

① 银行全额准备金制度是银行部分准备金制度的替代方案，其中银行被要求将每个存款人的全部资金保留下来，随时可以按需提取。——译者注

有的人变得更富有。失业率上升、经济萧条和经济衰退将进一步降低经济体中的储蓄数量。

这些理论或政策,显然不能被称为根本性的和进步的。

在民主制度下,如何发行货币,对经济繁荣和社会正义来说都非常重要。的确,过多的信贷流入,比如伦敦房地产市场的投机行为可能会导致通货膨胀,而信贷太少则可能导致通货紧缩,这种说法是正确的。然而,通货膨胀或通货紧缩并不取决于货币供应的数量,而是归结于批准贷款融资的条件。倒不如说,这取决于贷款的质量,也就是贷款的条件,以及"国家财政的监护人"实施的政策安排,在这种安排下的货币制度能够为所有在经济中活跃的人创造繁荣,而不仅仅是服务少数有积蓄的人。

货币应该或可以没有利息吗

虽然对借款人而言,债务确实可能会变成剥削他们的沉重负担,但它也是经济的重要资金来源。这就是为什么私人部门的货币创造,必须由民主国家的公共当局来认真严格管理。然而,引用玛丽·梅勒的话说,货币改革者认为所有的债务都是不利的,并为"无债货币供应"大力奔走呼告。但无债货币其实是自相矛盾的,并不存在没有债务的货币,或者如果有的话,这很可能是完全不同的另一种东西——赠款或礼物。

毫无疑问,社会都应该渴望建立一个以馈赠为基础的经济体,那个经济体中的所有个人都依赖其他人的"供应",来提供清洁的空气和安全的环境、免费的食物、健康医疗、住房，以及艺术品、蒸汽机或智能手机。但迄今为止，虽然我们仍然享受着礼物文化的余味，但我们未能发展出完全以礼物馈赠为基础的经济。最接近这种情况的经济体，是通过免费教育、免费医疗服务、补贴住房等方式相互赠送共同资源的经济体。这样一个社会被定义为社会主义或社会民主。但即使在社会主义经济中，社会化的"礼物馈赠"最终也是出自我们所有人——通过税收制度来实现。

在货币体系中，正如第五章所解释的那样，所有货币都基于索赔制度：资产和负债都由抵押物支持，以及依赖于对家庭和社区的经济可持续性至关重要的资产和负债在社会关系中的交换。所有的货币都是对另一个人的债权（有产生回报的义务），或是债务。正如戴维·格雷伯（David Graeber）在他的《债务：第一个5 000年》（*Debt: The First 5 000 Years*）一书中解释的那样，债务，而不是以物易物，从一开始就是社区生活的一个特征。[22] 亚当·斯密认为，"语言的起源，也就是人类思想的起源，就在于我们倾向于用一件事物去交换另一件事物"，在这种倾向中他也看到了市场的起源。格雷伯写道："正是交易的渴望和比较价值的愿望，使我们成为智慧物种，并且使我们与其他动物区分开来。"[23]

因此，问题不在于建立一个无债务的经济体系，而在于在这个经济体系中，经济及其他活动可以自由和轻易地获得回报，以实现稳定、可持续、公正和繁荣的共同目标。要实现这个共同目标，必须满足货币体系中的义务和回报不具剥削性，且债权人

（如银行家）和债务人之间的权力必须达到平衡——这两者对于经济都至关重要。如果金融体系由少数技术官僚、私人银行家等既得利益者、市场的无政府主义力量，或在全球金融市场上运作的少数人的专制权力来决定，那么这个目标将无法达成。如果货币体系只为已经富有的人、拥有资产的人提供资金，那么社会正义和繁荣就无法实现。建立一个体现社会公正的货币体系——它不是充当社会和经济的主人，而是充当仆人——来促进广泛的繁荣，这样的货币体系，将使我们所有人，包括公共部门，能够做我们能做的事，并且成为我们能成为的，各司其职、各尽其能。这才是任何进步运动应该达成的目标。

货币只是流通吗

一些货币改革者这样暗示货币的循环：通过借贷来产生货币，在经济活动中流通，然后以利息（充分）返还给创造它的银行，这样的解释是错误的。借款不仅仅是"流通"，它创造了购买力，这个购买力被用作投资，以及用于创造就业、经济活动和收入。最重要的是，它提供的购买力，如果使用得当，可以产生额外的收入。

例如，银行资金也可以治疗瘟疫和疾病，比如在塞拉利昂和利比里亚等贫穷国家就是如此。如此一来，货币就不仅仅是"流通"。相反，它能帮助实现不可估量的价值：健康的社区和随之而来的健康社会。货币可以帮助创造就业，如此一来，货币就不仅仅是"流通",它将有助于创造艺术的、科学的、实践的或治疗的活动。

比特币的疯狂

比特币不知从何而起,却已经使数百万人了解了它,但表面上,它只是"加密的图形证明"。私人银行可以通过敲击键盘轻松创造货币,而创造比特币则涉及海量的计算机处理能力。这种能力能够部署一个复杂的算法,与"开采"硬币的能力相类似。[24]

所开采的比特币已经成为新的黄金,持有比特币的人也变成了新的金本位者。

这种新货币(被声称是商品)是一种点对点交易体系。它兴起于暗网"丝绸之路",一个处于深网的在线黑市,引起了各方极大的兴趣。它由一位未知的计算机科学家——第一位比特币矿工创建。它现在既被用于国际支付,也被用于投机目的。像其他虚拟货币一样,比特币在奥地利经济学派中具有理论根基。它的倡导者是哈耶克的热心追随者,受到哈耶克的著作《货币的非国家化》(*Denationalisation of Money*)的鼓舞,在此书中,哈耶克呼吁将货币的生产、分配和管理留给"看不见的手",以便结束监管民主对货币的监督。[25]

有关这种新货币的两件事非常引人注目。首先,它的创造者(他们是计算机程序员)显然确保比特币总量永远不会超过2 100万枚。(尽管比特币可以分成更小的单位:毫比特币、微比特币和聪。聪是最小的数额，代表0.000 000 01比特币，是比特币的亿分之一。）

因此，比特币就像黄金一样：它的价值在于它的稀缺性。比特币的潜在稀缺性加剧了该货币的投机吸引力，导致其价格普遍上涨。然而，其价值的波动性上升和随后的下降使得它无法成为一个可靠的交换手段。交易员在用它来交易货物和服务时不得不定期调整价格，这样就很棘手。

其次，这类货币不受上述任何机构的支持。它对用户的巨大吸引力恰恰在于它绕过了所有监管机构。事实上，它的使用似乎基于不信任。一位评论员指出："比特币被认为是一种货币，一种不需要用户之间任何信任的货币。"[26]

同样，与信贷所创造的无穷无尽的社会和经济关系不同，比特币的稀缺性意味着它产生经济活动的能力是有限的（一共只有2 100万枚比特币）。为了防止通货膨胀，该货币的创造者故意限制了比特币的数量。实际上，其目的是提高比特币的价值，而其中大部分比特币由该计划的发起人所拥有。

从这个意义上说，比特币矿工与鼓吹有限黄金价值的金本位者、在17世纪炒作罕见郁金香价格的郁金香种植者，以及庞氏骗局的操盘手伯纳德·麦道夫（Bernard Madoff）并没有什么不同。

然而，有人夸大了比特币所使用的技术——区块链、分布式数据库或分类账，并认为它可以彻底改变财富分配并提供透明的交易账户。我们应谨慎对待这些言论。在一篇博客中，《金融时报》记者伊莎贝拉·卡明斯卡（Izabella Kaminska）认为，金融技术风潮遵循着一种类似于音乐风潮的模式，起初被认定为"时髦"和"酷"的新音乐，随后就褪色为"去年的流行"。同样，作为一名调查记者，她：

> 对Blur乐队（比特币）的喜爱演变成了对电台司令乐队（区块链）的热爱。但是对电台司令乐队（区块链）的喜爱，又迅速演变为对整个印地流派（加密货币）的喜爱。
>
> 现在是时候转向鼓和贝斯（私有区块链）了。但鼓和贝斯被印地摇滚爱好者（加密货币爱好者）交叉污染了，所以是时候去拥抱一些完全激进和隔离的东西了，也就是回到对巴瑞·曼尼洛（Barry Manilow）的具有讽刺意义的欣赏上，放弃所有现代音乐现象（分布式账本技术）。
>
> 大概就是，庸俗的复古运动应该变成对历史上被证明是伟大人物（老式的中心化账本技术，不过是进行了数字重制）的普遍热爱。
>
> 我只想说，有一些评论暗示着，我们确实处于转型阶段，但"酷"的不再是区块链，而是大胆地欣赏旧操作系统——尽管它存在种种缺陷——毕竟是建立在正确的监管、法律、信用基础之上的，只是需要一些基本的调整。[27]

2016年，Bitfinex的客户账户被盗走了价值7 000万美元的比特币。正如卡明斯卡所写的那样，"银行业应该暂停考虑采用区块链和基于比特币的金融技术"。[28]

投机者定期将比特币的价值抬高到诡异的高度。与往常一样，获胜者是那些在泡沫破裂之前卖出的人。在没有民主监督和监管的情况下，失败者总是被掠夺的一方。

信贷、消费和生态系统

环保主义者当然希望限制经济活动的形式，特别是限制看起来毫无限制的消费——我完全同意这一目标。的确，我认为是"廉价货币"刺激了"轻松的"购物，"廉价尾气"带来了有毒排放物。因此，信贷创造系统的管理，对社会尝试限制消费以及减少有毒排放物来说至关重要。在我看来，环保主义者想要限制消费，却忽视了消费和廉价货币之间的联系，这注定是要失败的。

自从20世纪60年代和70年代的金融自由化以来，银行家主要将信贷用于既存的资产（如土地和房产），以及他们可以收取高利率的消费（想一想信用卡上的利率）。需要指出的是，美国和英国的经济现在主要基于家庭消费。在信用卡变得普遍可用之前，在政府和中央银行允许银行家为任何类型的消费扩张提供信贷之前，消费是受到限制的。所以，是的，社会必须限制人们对于廉价货币、无处不在的信用卡（或者说是"债务"卡）以及过度和不必要的消费的痴迷。必须限制银行家以高利率放贷，用于不会为借款人创造收入的活动（即消费）或其他消耗收入的活动，如鼻子整形和其他没有医疗必要的整容手术。[29]

与此同时，由人类引发的气候变化是对未来宜居性的主要威胁。让经济转型，脱离对化石燃料的依赖，这需要智慧、才能和力量。最重要的是，它需要大量的资金，例如用来改造运输系统、设立防洪体系，改造库存住房，以及使建筑更加节能。但是，这种投资将产生就业和其他经济活动。反过来，就业将产生收入，用以偿还信贷或债务。事实上，谨慎管理和监督的公共和私人信贷，将有助于为重要的脱碳活动提供资金。但要让经济转型，脱离对化石燃料的依赖，来自储蓄账户、信贷联盟或众筹的小额个人资金池对于这个艰巨任务来说，无异于杯水车薪。

"人民的量化宽松"和"直升机撒钱"

人们发现私人银行可以无限制地凭空创造货币，同时发现：中央银行也可以做同样的事情。美联储于2008年11月宣布，计划从银行购买资产，以此来与银行体系交换准备金以及为银行体系注入流动性，那时量化宽松被视为一项非同寻常、前所未有的进步。如前所述，中央银行的"准备金"不是储蓄，而是更像独属于银行的"透支"额度，所以不应把它与沙特的石油"准备"混淆。与货币主义理论相反，中央银行的准备金只能用于银行，主要用于结算目的，这些准备金无法将银行体系的资金导入实体经济。

当美联储主动提出购买大量由银行持有的证券时，包括抵押证券和政府债券，银行家将这些债券进行了兑换——其中一些债券很可能是不履行的，因此造成损失——这相当于导致了更大的

"透支"。这一举措的本来目的，是要清理银行家的资产负债表，并鼓励他们向实体经济增加贷款。但量化宽松政策无法达成这种效果。在英国，银行贷款实际上反而下降了。相反，美联储和英国央行却有效地为私人金融部门提供了额外的购买力，金融家可以用来购买FIRE［金融（F）、保险（I）和房地产（RE）］领域的投机资产。金融家认为，向疲软的实体经济（并因紧缩政策而进一步疲软）提供贷款，利润要低得多，风险要大得多。

必须强调的是，对中央银行来说，量化宽松政策不是一个不同寻常或罕见的事情，尽管自金融危机以来，中央银行运作的货币量达到了前所未有的规模。当银行和其他附属金融机构在公开市场上买卖政府证券（债券）时，量化宽松政策只是中央银行日常和定期"公开市场操作"的另一种变化而已。尽管无法追溯英国央行何时进行了第一次公开市场操作，但中央银行已经将这种操作进行了近200年。一些历史学家认为，第一次公开市场操作发生在19世纪30年代，被用于使银行利率生效。另一些人表示，自从1694年英国央行成立以来，公开市场操作就已经存在了，不过这一部分人并不确定这一点。[30]美联储的公开市场操作起步较晚，根据明尼阿波利斯联储：

> 作为美国货币政策的主要工具，公开市场操作是于1922年在无意中被发现的，并且是一次重大进步，使得美联储从被动机构向活跃机构演变……美联储官员意识到，通过在公开市场购买证券，美联储可以影响全国的整体信贷条件。换句话

说,当美联储购买证券时,它增加了商业银行的准备金并放宽了信贷条件;当美联储出售证券时,情况恰恰相反。[31]

然而,毫无疑问,目前公开市场操作的规模之大是史无前例的。在2008—2015年,美联储从私人金融部门购买的政府债券和抵押贷款证券,价值超过了4.5万亿美元。2009年3月至11月,英国央行货币政策委员会开始从银行部门购买价值3 750亿英镑的金融资产——主要是英国政府债券或金边债券。

经济危机之后,公众愤怒情绪高涨,货币改革者也开始明白,中央银行这样做是在有效地利用其权力来救助、资助、担保和丰富私人金融部门的活动,而不是投入其他经济部门当中,其他经济部门反而被严重压缩,所以,越来越多的人呼吁,要将量化宽松政策用于更广泛的公共利益。呼声此起彼伏:"人民的量化宽松""主权货币创造""公开货币融资""直升机撒钱""绿色量化宽松"。重申一下,这种激进主义背后的动机是合理的,目标愿景也确实值得称赞——确保拥有公共资源的中央银行,能造福于整个社会,而不仅仅是银行家。

但是,让我们更仔细地研究一下"直升机撒钱"的建议。

正如要求实现货币供应国家化的呼吁一样,要求中央银行家将权力用于更广泛的目的的呼吁来自整个政治圈。积极货币组织的经济学家弗兰克·范·勒文(Frank van Lerven)列出了一个相关政策的主要名单,并对公共货币创造的辩论过程进行了精彩的概述。[32]

- 战略量化宽松政策——由新经济基金会提出。
- 绿色量化宽松政策——由维克托·安德森（Victor Anderson）提议，得到欧洲议会议员莫莉·斯科特·卡托（Molly Scott Cato）的支持。
- 直升机撒钱政策——由伯南克（和其他许多人）基于弗里德曼1948年的《直升机撒钱》论文提出。
- 人民的量化宽松（基于绿色基础设施的量化宽松）政策——由理查德·墨菲（Richard Murphy）和科林·海因斯（Colin Hines）提出。
- 公开货币融资政策和主权货币创造政策——分别由阿代尔·特纳勋爵和积极货币组织提出，由于十分相似而被视为一个提案。

正如范·勒文所指出的那样，"这些非传统货币政策提案是相似的，因为它们都主张中央银行积极创造货币以刺激实体经济的增长"。[33]

战略量化宽松政策"建议英国央行（通过资产购买工具）创造货币，并用这些货币从公有中介机构手中购买债券，这些机构包括公共投资银行、绿色投资银行和住房投资银行等"。[34]

绿色量化宽松政策"建议欧洲央行和欧盟其他国家的央行，利用其创造货币的能力，向私人部门提供贷款，用于绿色基础设施项目和绿色环保项目"。

伯南克的《直升机撒钱》：

灵感来源于弗里德曼（1948）的"直升机撒钱"思想实验（如果将新印制的现金从直升机上撒下来以增加经济支出，可能会发生什么情况）。"直升机撒钱"是指，只要有基础支付设施可以向每位公民付款，就可以通过"公民分红"（一种给所有公民的不用偿付的赠予资金），将政府资金转移给每一位公民（或每一位成年人）。作为替代方案，伯南克最初的提议是，政府减税，使公众拥有更高的可支配收入，从而增强消费能力。新创造的货币给到政府，以此来弥补税收的下降。"直升机撒钱"计划将需要财政部和中央银行的合作。为了保持这个计划的操作独立性，在英国央行决定"直升机撒钱"的规模和时间之后，这个计划才开始。[35]

人民的量化宽松政策的建议是：

英国央行将向英国经济注入资金，"以刺激该国的经济活动，振兴中央政府、地方政府、私人部门和家庭经济……"为此，中央银行的货币用于资助投资支出和贷款。中央银行的货币将主要用于购买债券，此债券由公共部门机构发行，直接资助政府在基础设施项目方面的支出，或者创造新的货币来资助绿色投资银行或公共投资银行的贷款（如战略量化宽松政策和绿色量化宽松政策）。[36]

阿代尔·特纳勋爵提出的公开货币融资政策和积极货币组织

提出的主权货币创造政策，都提供了一种选择，将新创造的货币直接分配给公民，或者使用新创造的中央银行货币为公共投资支出提供资金。

"人民的量化宽松"提案会削弱民主权力

公共货币创造运动人士已经成功地动员公众和专业人士对他们的提案给予大力支持。他们的提案也获得了政府高层的认同。在这一过程中，他们启发了很多人，包括我在内，并传达了对复杂经济过程的理解。尽管存在一些关于过度"印钞"的担忧，但很少有人从财务或经济根本上质疑这些想法。不过我的担忧更广泛，主要是在经济和政治层面。公共货币创造运动人士中，许多人都是受人尊敬的朋友和同事，因此，要向他们提出反对意见，我确实有些胆大妄为，于是，怀着些许不安，我先提前请求他们的宽容。

我担忧的是：这些提案再次强调了技术专家的决策和权力。中央银行的技术专家不会定期参加竞选，他们往往是不露面的官僚或学者，他们从来没有被要求对他们的理论或行动完全负责。虽然说，当选的政府和财政部部长也同样被误导并存在缺陷，但他们中许多人是要承担责任和付出代价的。

然而，这6项"公共货币创造"提案中有4项，将通过简单地绕过民选代表而进一步加剧民主政府的灭亡。战略量化宽松、绿色量化宽松、公开货币融资和主权货币创造提案就是这种情况。

相比之下，人民的量化宽松和伯南克的"直升机撒钱"直接在不同层面涉及政府。阿代尔·特纳勋爵的公开货币融资提案和积极货币组织的主权货币创造提案的目标是中央银行直接向公民分配货币，但也可以选择为政府支出提供货币。

不过，这6项提案都将关于"货币"创造的数量的决定权留给了中央银行的技术专家。换句话说，虽然政府可以提供公共货币的支柱，并成为"人民的量化宽松"的受益者，但他们不在驾驶座位上，掌握方向盘的是中央银行家。这些提案将强大的权力交给了这些技术专家，而在我看来，民选代表应该是货币创造这一过程的主人，而中央银行即使自身独立、思维开放、完全有资格，也不应是主人，而应是仆人。

特朗普和"直升机撒钱"：经济、社会和政治后果

在我看来，无论是中央银行家还是政府代表，如果没有明确、透明的制衡措施就被赋予印钞的权力，这也是不能接受的。像私人银行家拥有的权力那样，中央银行"直升机撒钱"的权力也是巨大的。这会产生各种分配结果，而且结果如何，很难预测。还会造成其他后果，例如，直接向公民提供资金会鼓励他们从国外购买商品，从而恶化贸易赤字。其他不平衡也可能发生。

这些影响既有经济后果，也有社会和政治后果。因此，鉴于我们正在讨论一个公开支持的机构（中央银行，对英国而言是国有化的），当选的政府才是应该坐在驾驶座位上的开车人。同时，

出于公共问责的考虑，中央银行的相对独立性必须得到维护。

相对独立、问责制和透明度，提出这3点要求的原因并不复杂："直升机撒钱"很可能会被滥用。作为曾在非洲国家工作的人，我见识过那里的政治家腐败地分配公共资源，我认为对政治家、政府官员和央行官员的公开制衡是至关重要的。

阿代尔·特纳勋爵在世界报业辛迪加（Project Syndicate）网站上发表的《牵引绳上的直升机》（Helicopters on a Leash）一文中，提醒我们注意这个核心问题：任何货币融资的风险都会导致融资的过度使用。[37]但是，在解决这个问题时，他建议"如果中央银行家认为要实现其明确定义的通货膨胀目标有必要这样做的话，他们有权批准最大数量的货币融资"，这个建议给了中央银行更大的权力。[38]在规范货币创造方面存在两个问题：首先是上述提到的，对于所有或部分经济部门可用的融资规模做出关键性决策的，是技术专家；其次，"通货膨胀目标制"将再次作为中央银行的决策，这实在是一个倒退的观念。通货膨胀目标制长期以来一直受到怀疑，因为在危机前，中央银行家目光短浅，只看到了通货膨胀目标有损于其他指标，尤其是就业，但他们没看到的是，它对那些资产（债务）受通货膨胀目标制保护的债权人来说，是有好处的。

熟悉我工作的人都知道，我不是私人金融部门的辩护人，而且我也强烈支持资本管制。但在现有的货币体系远未完善的情况下，国内债券市场有效地充当了政府与中央银行之间的中介机构。

政府向公众提供债券，以及私人市场对这些债券进行竞价，这一过程为政府和中央银行之间提供了透明的空间和公开监管问责的交易。正是债券市场使得政府保持诚实。当然，投资者可以从这个过程中谋取利益，但也可能存在损失。正如量化宽松证明的那样，中央银行联手政府，可以对债券市场施加巨大影响，同时影响政府债券的价格和收益率。事实上，过去全球债券市场充当了"主人"的角色，而政府和中央银行家则处于次要地位，这是因为政府和中央银行家都废除了自己限制资本流动和管理债券市场的权力。他们忽视了更广泛的公共利益，并将债券市场和货币体系的管理，交给了所谓的"全球化"进程，以及毫无管制的"看不见的手"。

但我们知道，债券市场可能会受到抑制，并且可能会充当比过去更为被动的角色。这种债券市场被抑制的情况在2015年和2016年很明显，那时德国政府无能的经济决策，以及受意识形态推动的政治决策，导致了欧洲经济形势的走弱和风险增大，所以当时投资者虽然拥有向德国政府贷款的特权，但是为此付出了惨痛代价。欧洲央行的货币运作也在其中起到了作用。投资者愿意借钱给德国，是因为欧洲乃至全球的经济状况和资本回报都很不稳定，他们相信将资本投资给德国"债券"会更安全。

问题不在于量化宽松这条腰带，而在于消瘦的经济

但是，在公共货币创造运动中，我和许多受人尊敬的朋友对经济的看法存在很大的不同，这把我们带回到凯恩斯提出的一个很有影响力的比喻上："这就像试图通过购买更长的腰带来使自己

变胖一样。在今天的美国，其实目前的'腰带'对于现在的'肚子'来说已经足够长了。最具误导性的是强调货币数量而忽视支出数量，前者只是一个限制因素，后者才是决定性因素。"[39]

阿代尔·特纳勋爵声称，即使在其他政策（如债务融资的财政赤字或负利率）无效的情况下，公开货币融资也将始终刺激名义需求。[40]其实，他是把马车放在了马前面，或者把更长的"腰带"（公开创造的货币）拴在了一个羸弱、萧条、需求疲软的全球经济上。

在写作本书时，全球经济再次面临陷入衰退的风险。全球范围内存在着严重的通货紧缩压力，部分原因是进入实体经济的银行贷款在萎缩，对商品和服务的需求疲软，以及商品（甚至是服务）的供应过剩。疲软的需求部分可归因于持续的金融危机。需求可以定义为在给定价格水平和给定时间下消费者和生产者期望的金融、劳动力、商品和服务的总量。私人企业本已负债累累，金融不稳定又使得它们胆怯而紧张，不愿承担风险。出于各方面的复杂考虑，负债沉重、担惊受怕的私人银行部门更倾向于快速带来资本收益的投机活动，而不是稳健投资于就业和经济活动。银行家需要一个蓬勃发展的经济环境，其中的借款人有良好的抵押品和潜在收入，愿意借贷，对自己的投资和创造能力充满信心，能够创造利润和收入，用以偿还银行收取的利息。相反，在遵守弗里德曼的退步性"财政规则"的情况下，受"稳健的货币和稳定的财政状况"的意识形态的驱使，政客和政策制定者造成了经济紧缩。为了使社会能够"量入为出"以及"收支平衡"而削减公共开支，事实上恰恰导致了完全相反的结果。由于削减公共投资、支出和就业而导致的经济紧缩，反而降低了收入和税收，恶化了政府债务并增加了赤字。在英国，乔治·奥斯本在他的2016年预算案中抱怨说，"经济规模比我们想象中的要小"。[41]他似乎没有意识到，正是他的紧缩政策使经济规模"更小"了。

在经济衰退时期，拉长公共货币创造这条"腰带"，并不会启动投资和就业，或创造新的收入。事实上，正如货币改革积极分子一再提醒的那样，世界已经有太多的钱——以债务的形式。私人银行不向经济放贷的一个原因就是潜在客户已经负债过重。另一个原因是，潜在客户拒绝贷款，因为他们虽然负债累累，但对经济状况感到担忧，因为很少有顾客"进门"。

经济部门需要做的是，开始在劳动就业、商品和服务方面进行投资（考虑到经济形势变化，可能更多地投资服务而不是货物）。目标必须是创造更多有可持续收入的就业人口，制造、增长、发展和扩大社会急需的商品和服务。这样做将产生额外收入，包括用于填补政府赤字的税收收入。

要实现可持续的经济活动水平，全球各国政府必须投入或投资于高薪、高技能的工作岗位——特别是对于2015年国际劳工局调查时失业的7 330万青年人而言。国际劳工组织报告称，2015年全世界至少有1.97亿人失业，而且这一数据在2016年将增加230万人，到2017年将增加100万人。[42]

市场原教旨主义，即全球化，没有为非洲、拉丁美洲、亚洲部分地区和欧洲部分地区近2亿人提供有意义的工作、收入、尊严和尊重。在美国，全球化降低了数百万劳动人民的生活水平。市场原教旨主义也无法应对当今世界各地所面临的严重威胁。正如卡尔·波兰尼在他的著作《大转型》中正确预言的那样，难怪民粹主义运动在世界各地聚集力量，强大的领导人被要求捍卫整个社会，使之免受乌托邦式的、破坏性的市场原教旨主义的掠夺。

鉴于这些令人恐惧的经济和政治条件，迫切需要公共部门介入并投入资金，比如，用来资助有意义的稳定的工作，让经济发展摆脱对化石燃料的依赖，处理年轻人口和老龄人口的挑战；重新培训和提高劳动力技能，提高公职人员工资，修复破败的基础设施，如美国坑坑洼洼的高速公路和高耗能的建筑——正如加尔布雷斯所描述的"私人的富足和公共的污秽"那样。

解决阿代尔·特纳勋爵发现的问题（全球名义需求疲软）的关键因素是支出，特别是可以快速开展的公共支出：道路和铁路的维护、防洪、节水、园艺等工程。

当然，公共支出必须得到资助。最谨慎的融资形式是贷款发放，而不是"赤字支出"，后者意味着永久性的政府透支。由政府债务管理办公室与中央银行协调安排，并由中央银行的具体行动来保持固定的低利率，这样发放贷款可以为政府的持续支出提供资金。由于乘数的增加，就业支出将迅速产生税收形式的公共财政回报，再用于偿还贷款。

此外，中央银行根据流动性偏好理论（第3章概述过）来管理的所增加贷款（债券或金边债券），将为私人部门（例如养老基金）提供安全、短期、中期和长期的贷款，可以被用于投入现金、证券或更高风险的资本活动中。这反过来又使中央银行能够管理私人银行职员在私人部门贷款中确定的利率范围。

通过出售有价值的，如今非常稀缺的政府资产——债券，来为政府支出提供资金，这是一种民主、透明和可追责的融资形式。它让政府牢牢占据驾驶座位，而不是技术专家。毫无疑问，独立的中央银行技术官僚对所有人负责，有义务规范和管理私人和公共部门借款的价格和利率。正是基于上述原因，我认为政府贷款融资更为民主和负责，远远超过公开货币融资，因为公共支出的融资本身就会刺激整个经济的需求。紧接着，它也会使私人部门受益。

从金融市场中夺回权力

由于信贷（由合同法、刑事司法体系、中央银行、税收和会计系统支持）创造起来太过于容易，所以信贷或融资的产生是一种巨大的集体、公共权力。这种权力已经被金融市场上活跃的一小部分精英夺取。这些私人金融部门通过持续不断地游说，对民主政治家和政治制度施加影响，因此他们的权力又受到政治权力的支持。

要想充分理解金融部门对货币体系夺权的影响，需将金融体系与公共卫生体系的权力相比较来看。如果卫生体系以同样的方式被夺取权力，我们将生活在一个一小部分精英滥用重要公共产品的世界里。这群精英会变得健康和强壮，因为他们将得到保护，可以免受污水和疾病的侵害，而社会中其他人因为只能偶尔获得洁净的水和卫生设施而变得虚弱。自从20世纪60年代末和70年代，金融部门从货币体系中抢夺了权力以来，这实际上就是经济方面发生的情况。金融精英越来越富有，超出想象；随着不平等状况加剧，工人运动被束缚，中产阶级和穷人变得越来越贫穷。这导致了经济失败以及社会和政治动荡。

所以当然，毫无疑问的是：创造货币的权力，必须从集中在华尔街、伦敦金融城和法兰克福金融区的一小部分经济主体的掌控中夺回。金融市场必须服从于整个社会的利益。如果像现在一样，信贷创造没有得到广泛的社会公众的监督和管理，那么金融部门对社会的控制将仍然是一股分裂性、破坏性和专制性的力量。过去反复发生的金融危机，将还会不断上演，并不可避免地导致严重的社会和政治动荡，甚至战争。

但是恢复对货币体系的控制，并不完全就是将货币体系退回到原来那个对货币和信贷理解错误的体系。如果银行家被剥夺发行信贷的权力，并且信贷或货币的发行数量被限制为与人们储蓄中预留的资金相等，那么我们将很快恢复到以物易物的经济模式中，无法应对重大挑战。

任何试图从金融市场夺回权力的努力，都绕不开这个必要的基础：要让公众更好地了解信贷的性质、货币创造以及整个货币体系。没有这种理解，目前的制度就不可能被推翻。尽管货币改革者已经做出了很多努力来揭示真相，告知和启发公众，但他们也可能因为重新采用支持"重新审视芝加哥计划"的货币数量论，而混淆了公众的认知。公众的困惑、误解和有缺陷的分析，对任何改变这个体系的政治行动都会造成阻碍。

更糟糕的是，这些会使我们始终无法变革现状，无法解决目前面临的威胁，也就是全球货币体系和私人银行体系的无政府监管状态所造成的威胁。

第 7 章

驯服金融，恢复民主

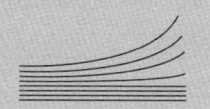

> 本质上，社会主义是工业文明的内在倾向，这种倾向有意识地试图使市场从属于一个民主社会，从而超越自发调节的市场。
>
> 卡尔·波兰尼
> 《大转型》

自20世纪70年代以来，金融资本对世界各国的"专制"权力导致了一系列持续的金融危机，以及无法偿还的私人债务堆积如山。这些危机造成了严重的后果，涉及社会的方方面面——人文、生态以及经济。美国财政部估计，在2007—2009年经济危机期间，仅在美国就有880万个就业岗位流失，19万亿美元的家庭财富遭到破坏。

但是金融资本的权力远远不止这些：随着那些有能力分配资源的政治力量被私人占有，它掏空了民主机构。经济的金融化，使得政治机构几乎无力代表选民的利益。这就解释了为什么整体上金融部门并没有受到危机的影响，承担危机的后果。在2007—2009年经济危机后，大多数金融家得到了救助。那些直接或间接付出代价的人，包括纳税人、失业者、破产的大型企业和小型企业，以及无家可归者。西方社会民主党和保守党，因为采纳新自由主义政策而付出了高昂的代价。他们错就错在试图将经济与政治领域分开，却与金融资本勾结而损害了人民的利益。所有这些，都是金融资本未经管理和不负责任的活动所造成的后果。然而，正如意大利经济学家马西莫·阿马托（Massimo Amato）和卢卡·凡塔奇（Luca Fantacci）所解释的那样，正是因为西方社会施加了"意识形态的枷锁"，才导致一小部分金融精英行使专制权力的局面。[1] 换句话说，导致了这样的专制危机的是无知，也是在一套服务于少数人利益的观念面前，政府的无能。要重新获得在金融部门的政治权威，第一步就是要更多地理解货币创造的真相，以及全球金融家不切实际的意识形态。做到这些并不容易，因为绝大多数私人金融部门的活动都被故意隐藏和遮蔽起来，连经济学家和政治家都看不清楚，更不用说范围更广的社会群体了。

　　金融部门的活动没有受到公共监督和学术审查，这样就有可能将社会结构，即信用以及债务人与债权人之间的社会关系，变成一种虚假的商品和一个人为操作的市场，独立于民主公共权威。作为一项乌托邦计划的一部分，金融家希望在信贷、流动货币、贸易和劳动力市场上建立一个单一的、不受监管的全球"影子银行"，在私人权力下创建一个平行的、自我监管的星球，一个不受人类价值观、法规、责任或标准所约束的星球。而这些价值观、标准和民主制度，正是社会在几个世纪的文明进化中发展起来的。在一战期间，"全球化"在灾难中结束，在一战之前和之后，这种乌托邦式的理想——创建一个自动平行的金融交易世界——已经被尝试过了。随着20世纪20年代金本位制的重新引入，"国家和人民再次成为完全无法掌控自己的表演的傀儡。他们在中央银行的帮助下免受失业和不稳定的打击……世界贸易如今意味着整个星球上的生活组织都处于一个自我调节的市场之下，而这个市场牺牲了劳动力、土地和货币，由金本位制作为这个巨大的自动机器的守护者"。[2]

然而，这样一个平行的、自治的"自动机器"星球，在以前和现在来说，都只是一个错觉。社会不能容忍被漠不关心、不负责任的力量所统治。最终，社会必然会拒绝这种在金融、贸易和劳动力领域建立单一、全球化市场的不切实际、不能容忍的新自由主义理想。人们不会容忍这样一个世界：所有工资在世界范围内降低到最低的共同标准；利率控制着所有经济活动，而不考虑在不同国家经济发展的不同阶段下进行区分；一小部分金融家有权决定货币的分配和价格；不是负责任的政治家，而是技术专家，来负责货币、劳动力和贸易市场的"重组"、"改革"和调整；全球经济中的贸易"小鱼"必须与"鲨鱼"一起游泳，还要承担"被大鱼吞食"的社会、经济和政治后果。

我们从2007—2009年的经济危机中得知，如果没有适当的监督和管理，市场就不能买卖债务人和债权人之间存在的信任（或不信任）。试图这样做的后果便是摧毁现存的信任，对货币、金融和政治机构的信任。经济危机再次证明，社会的社会关系、价值观和标准不能像商品、制成品或服务那样被买卖，只有通过民主设定的标准、监督和管理，这些才能得到支持。

我们如何重新对货币体系这一伟大的公共产品进行民主监督和监管？答案当然是通过政治手段（调动政治意愿来制定立法和进行监管），再次使金融发挥其应有的作用，让其服务于真实市场的商品和服务。

本书无法探讨如何调动政治意愿这一问题，其他人更适合解答。但是，如果社会能够调动政治意愿来让金融部门承担责任，那么应该采取什么政策来管理金融？以下是一些通俗易懂但至关重要的经济政策建议，并无新意，也非原创。然而，这些建议都被尝试和测试过了，且被证明在限制金融力量方面是有效的。这可能也是几乎没人讨论和研究它们的原因所在。

管理货币的生产：宏观审慎工具

鉴于我们对银行和其他金融机构在货币生产方面的"魔力"的理解，并且考虑到私人银行家在生产和再生产贷款方面已被证明犯有"羊群行为"之罪，所以，公共当局（中央银行和财政部门）要来管理货币的生产和分配，这就非常重要了。为了进行有效管理，必须在商业银行部门和影子银行部门以及在国内和国际范围内，对货币的生产进行监督和管理。其目的必须是避免其暴涨或暴跌，并确保所有需要用于生产目的的项目都能获得融资。在考虑对金融部门进行监管时，政府和纳税人需要先了解他们可以对银行家施加的杠杆作用。毕竟，如果没有纳税人担保和中央银行的大规模贷款，大多数私人银行将破产（而且有些银行已经破产）。私人银行要想获得这些公共补贴，交换条件必须是中央银行和民主政府有权干预公共产品的管理：这一公共产品就是指国家的信贷生产体系。

公共货币生产管理的指导原则是大家的共识：应鼓励私人机构为生产活动募集资金，且募资利率要低。相比之下，用于投机的货币生产应该受到公共当局的强烈打压，并被标上非常高的利率。

有一种被称为"宏观审慎工具"的手段，可供政府和中央银行用于管理货币或信贷的生产。政府可以利用这些手段来监测和管理信贷的增长，例如，通过监测和衡量私人银行信贷增长情况与一国GDP的关系，来管理信贷。

管理信贷生产的另一种方式是给贷款价值比率设定标准。在德国，抵押贷款不像在盎格鲁－撒克逊经济体中那样，是按照房地产的当前价值提供的，而是根据《潘德布雷夫法案》（Pfandbrief Act）第16条，审慎评估"房地产的长期、持久特点，一般的区域市场情况，以及目前和可能的替代用途"。[3]这意味着，信贷不会在每次购买中被反复使用来不断增加房地产的价值。在信贷反复使用的情况下，每个新买家都必须找到更多的信贷来购买同一处房地产，而随着每次都有新的信贷来资助购买，房地产的价值会不断螺旋上涨。不断上升的信贷创造推高了房地产价格，导致那些最需要住房的人买不起房子。而德国的贷款价值比率是基于对房地产价值的长期评估。其结果是，德国房地产估值较低，信贷需求较低，房价也保持稳定。英国的便宜信贷一直被保守政府故意用来刺激房地产价格的上涨，并用来改善所谓的"利好"因素。这造成了一个不幸的后果，首次购房者和其他低收入购房者能够负担得起的住房太少了。我认为，如果英国的贷款价值比率与德国的一样平衡，那么伦敦房地产市场不会出现典型的住房供应短缺问题。

负债收入比率和"杠杆上限"是中央银行可以要求私人银行家遵循的标准化工具——违者将失去信贷许可，或者政府对其客户的银行存款的担保。

管理货币的价格：货币政策

> 如今在我们的经济体系中，没有哪一部分比我们的货币和信贷安排更糟糕的了，没有哪个地方能像货币政策一样在社会上造成如此灾难性的后果，也没有哪个领域像货币政策一样更容易提出科学的解决方案。
>
> 凯恩斯，1923年12月

凯恩斯对货币理论及其所处时代的政策制定有巨大贡献，因为他反驳了古典经济理论中的一个重要因素。他认为，利率是经济活动水平的原因,而不是正统经济学家所认为的,利率是经济活动水平的被动后果。换句话说,投资、就业和贸易的水平是由利率造成的。如果利率太高,投资、就业和贸易水平就会下降;如果利率太低,投资、就业和贸易水平就会上升。

在当前央行利率偏低的情况下,凯恩斯的论点也是能站住脚的。利率看似很低,但这并没有促进投资。社会面临通货紧缩的威胁。尽管央行利率很低,但世界大部分地区的失业率很高(即使在失业率较低的地方,就业也大多是不安全、低报酬的类型),国际贸易依然不景气。

事实上,央行利率可能很低,但这一利率只适用于那些在中央银行有账户的银行家。在实体经济中活跃的人,即家庭、小型企业和大型企业,面临的是私人银行信贷风险部门制定的不断增高的利率,这样的利率由各个银行的信贷风险部门一个一个制定,没有任何有效的规定和监管。英国央行在其关于"贷款趋势"和贷款定价的定期报告中指出,2015年银行向小型和大型企业收取的利率约为4%,远高于央行0.5%的利率。[4]虽然私人银行给客户的存款利率微不足道,但透支利率约为10%。对于小型企业来说,透支利率高达22%。在1~5年期的贷款中,利率为8%,信用卡的利率大约在17%。[5]

正是这些高昂的实际利率,解释了为何经济如此低迷,不仅在英国,在全世界范围内都是如此。

2016年,央行已经进一步调低利率,因此一些国家的主权债券利率实际上是负值。这是一个奇怪的现象,这意味着投资者或贷款人贷款给主权借款人（政府）时要支付利息。然而，通货膨胀率的下降提高了实际利率。这与通货膨胀对利率的影响相反：通货膨胀会降低真实的利率。由于通货紧缩的压力而带来的实际利率的上升，预计可能会进一步抑制经济活动（产出和就业）。政府和中央银行家不清楚通货紧缩压力的影响，也不确定该如何应对。可笑的是，许多人期待物价下跌，以为它有助于拉动消费。事实上，物价下跌是对货币、劳动力、商品和服务等需求下降的证据。的确，许多政府承诺实施正统经济政策（通过"看不见的手"和小政府来控制市场），即紧缩政策，但这些政策并不能拉动需求、重振信心。紧缩政策反而削弱了全球经济，降低了需求，并加剧了通货紧缩的压力。

正如我在第2章中概述的那样，凯恩斯的流动性偏好理论解释说，中央银行通过管理对国有资产（政府债券/国库券或金边债券）的需求和供应，能够决定利率的高低，进而塑造经济产出和就业。正如许多新古典经济学家所认为的那样，利率并非由对储蓄的需求来决定。[6]

凯恩斯认识到，在银行货币经济中，社会不再依赖于资本家为信贷或储蓄积累的盈余资金，然而资本家必须为其盈余资本找到一个出口。他们没法控制是否要用他们的盈余资本去投资（毕竟，他们总要用他们的储蓄/资本做点什么），但他们确实可以决定他们愿意投资的时期，以及决定在何时放弃将财富迅速转化为现金。杰夫·蒂利博士解释说：

利息的支付,不是作为不花费(储蓄)的奖励,而是作为分散财富流动性的奖励。企业和政府不需要鼓励家庭进行储蓄以获得他们的闲置资源。如果企业和政府愿意借这些流动货币,那么他们就不需要为获得这些资源而支付任何报酬……债务管理政策应该制定一个合理和一致的框架,来平衡企业、政府和家庭对于在不同程度的流动性/非流动性下持有和借入财富的不同偏好。[7]

因此,凯恩斯认为,如果政府希望确定利率并在一段时间内使利率保持低水平,那么它可以安排自己的借款,即在某一阶段发行符合资本持有者的流动性偏好的自有资产(债务或债券)。有些人可能将资金分散为只用1天(一定是现金)、保有30年(比如用来确保能安全退休),或者几个月(希望迅速获得投机收益)。凯恩斯认为,控制利率的重要性,在于提供全方位的安全政府资产,以满足各种各样不同的流动性偏好。

因为政府作为债券发行人,占据主导角色,所以政府要想管理利率(将资金分散在各个时间段的回报),可以通过财政部的债务管理办公室来实现。通过创建、提供和管理一系列政府资产,以满足投资者在不同时期对流动性的需求,政府既可以对自己的融资成本进行更大的控制,也可以通过各种方式来确定各个时间段的利率来减少私人部门的融资成本。

在这种稳健的货币管理之下,公共部门和私人部门将实现双赢。

尽管货币政策对于实现经济繁荣来说至关重要，但其当然不能解决所有问题。就像我们自己一样，有些时候经济也会处于低潮，降低利率以及采用其他货币政策并不能拉动投资，来刺激增加就业、提高生产率和创造收入。这种时候，就需要货币政策与财政政策齐头并进。换句话说，当货币政策丝毫不起作用，而私人部门又不愿意投资和支出时，政府就应该启动投资和支出来创造就业机会，扩大投资活动和收入，并促进经济复苏。

紧缩导致安全资产短缺

凯恩斯认识到，利率是一个社会变量，它可以由公共当局来有意管理，同时还可以控制金融资本。

杰夫·蒂利解释了，在二战期间，凯恩斯是如何指导管理公共债务，并帮助调控利率的：

> 在二战期间，英国当局采用了一种被称为"水龙头问题"的技术。在"水龙头"系统之下，政府以预先公布的价格发行不同期限的债券（例如5年期、10年期和无限期的债券和票据），但对任何类型的现金金额都不设限。
>
> 每个债券的"水龙头"都是打开的，所以个人和机构可以根据他们对期限的考虑随时随地购买他们想要的数量。因此，该制度使公众能够按照政府规定的价格，选择购买在每种流动性下发行的债券数量。[8]

根据该理论制定的一系列政策，确定了债券和票据的长期利率为3%，短期利率为1%，且该利率从1933年开始实施，贯穿了整个二战。这是一项非凡的成就，在为战争提供资金方面发挥了重要作用。

然而，如前所述，凯恩斯的革命性货币理论，他对银行货币性质、银行体系以及利率如何确定的理解，已经被公共当局、金融部门以及主流学术经济学家完美地掩盖了。造成的结果便是，私人高昂的实际利率周期性地刺破债务泡沫，导致泡沫破裂以及信贷紧缩。

当今诡异的全球经济利率

截至2016年，西方政府过度依赖于用降低利率的货币政策来启动复苏。发达经济体的中央银行家承担起了复兴经济的所有负担，政府却袖手旁观。

中央银行开始采取量化宽松政策，从债券市场购买抵押品，即主权债务。购买政府债券（证券），将其纳入中央银行资产负债表，再加上政府支出的减少以及进而导致的借贷的减少，这一系列过程导致了市场上缺少最珍贵的抵押品：发达国家的主权债券或债务。供应短缺导致政府债券的价格上涨，同时降低了这些债券的收益率（回报率或"利率"）。中央银行家认为他们已经实现了降低长期债券利率的目标，后来又将注意力转向降低中短期债券收益率。

但是，中央银行家只靠货币政策来启动复苏，这导致了政府资产债券以及抵押品在市场上的短缺。

抵押品，跟货币或债务一样，是金融体系"管道"的重要组成部分，被用于金融中心的日常交易，以及用来创造新的货币。对冲基金、投资银行和其他金融机构使用抵押品借入和借出短期资金，通常这一过程发生在一夜之间。在2015年，抵押品短缺开始"堵塞金融系统的管道"。根据华尔街评论员戴维·斯托克曼（David Stockman）的说法，"有些参与者甚至愿意以负利率借出短期现金，就为拿到山姆大叔的债券纸"。[9] 换句话说，玩家愿意支付利息来投资他们的现金，以换取安全抵押品：美国主权债务或国债。

情况发展成这样确实很奇怪。

激进的货币政策和保守的财政政策的倡导者迫使债权人和投资者要么接受投资的负利率，要么转向以创造新债务为目的的其他风险较高的资产。很快，安全的和高风险的抵押品，都被银行和影子银行部门用于债务创造以及其他投机活动。有人担心，在下一次"紧缩"时，随着债权人/投资者平仓急着套现（解除他们用资产抵押所加的杠杆），他们将不再愿意接受现金，而是要求用安全抵押品（供应量不断缩减）的形式支付或偿还债务。

凯恩斯会如何解决这个潜在的危机呢？首先，他会建议公共当局控制私人部门利用稀缺资产的风险杠杆程度，换句话说，他会主张在金融领域对风险债务创造进行监管。其次，中央银行家应该承认有些债务永远不会被偿还，并与私人部门合作来共同管理、注销这些债务。最后，发达经济体的政府应该开始花钱和借钱。这样，安全抵押品——政府债务的供应就会扩大。考虑到私人部门负债累累，缺乏投资的勇气，凯恩斯建议说，中央银行家必须与政府的债务管理办公室合作，来发行不同时期的债券。这些新债券的发行，将有助于满足金融部门对安全资产的需求。换句话说，中央银行家应该与政府合作，共同管理金融业的"管道"，同时还要以长期低利率来支持政府的借款及融资。这种通过发行债券来融资的方式，将使政府能够通过投资和支出来创造就业机会和经济活动。高技能、高回报的就业将产生收入和税收，可以用来恢复经济，并偿还私人和公共债务。

然而，凯恩斯的建议却被忽略了。结果便是，货币政策制定得匪夷所思，金融市场的风险日益加剧，这又会导致另一场危机的发生。

管理流动资本：国际层面

流动资本的专家雷伊教授在美国国家经济研究局的一篇著名论文中所说，自1980年以来，跨境资本流动占GDP的比例从1980年的68%增长到2007年的438%。[10]对于新兴市场来说，跨境资本流动占GDP的比例已经从35%上升到73%。雷伊教授评论说：

如果资本流动带来收益，我们应该观察数据中的巨大影响，因为20世纪90年代以来金融全球化的规模太过庞大。有很多研究试图检验国际资本流动对增长或消费波动的影响。令人惊讶的是，这些影响在宏观经济数据中很难找到。最近的一项调查对一系列实证论文进行了回顾，结果显示，很难找到有力证据来证明开放融资对经济增长或风险分担有好的影响（Eichengreen 2002; Jeanne et al. 2012; Kose et al. 2006; Obstfeld 2009）……无论在实证方面还是在理论方面，目前都很难找到有力的证据来支持国际金融一体化会带来巨额的可量化收益。[11]

这是一位杰出的经济学家的杰出发现，而此前的几十年中，正统经济学家及银行界和媒体界相关人士，都在大力宣扬流动资本和国际金融一体化的优点。与他们的分析相反，肆意妄为的、自由的跨境资本流动不仅毫无好处，反而是全球金融波动和金融危机重演的主要原因。

没有足够的证据证明全球资本流动会带来经济利益，注意到这一点的人，雷伊教授不是第一个。早在1998年，一位同样杰出的正统经济学家，贾格迪什·巴格沃蒂（Jagdish Bhagwati）教授，（在一篇同样著名的论文中）有理有据地争辩道，我们竟然被愚弄到要去庆祝全球化的中心支柱——资本流动性。他指出：

中国和日本，虽然在政治和社会以及历史经验上大不相同，但这两个国家在没有资本账户可兑换①的情况下都取得了显著增长。西欧繁荣的恢复同样也是在没有资本账户可兑换的情况下实现的……12

总之，资本流动性这一主张让人难以置信，当我们穿透围绕在它周围的重重迷雾之时，我们会意识到，宣传自由贸易及其好处的思想和意识形态已经蒙蔽了我们的双眼，引诱我们欢呼庆祝这个每天都有数万亿美元无国界流动的新世界。

正如一个管理完善的银行体系会让社会摆脱对国内"强盗贵族"的依赖，一个好的银行体系，也应该帮社会和经济摆脱对国际流动资本的依赖。通过对国内银行体系的管理，使之符合工业部门和劳工的利益，那么政府、工业部门和劳工就不需要依赖或担心"债券义和团"②或"全球资本市场"的影响了。

我们的社会屈从于这些全球金融市场的掠夺，这完全是由我们自己造成的悲剧。我们，或者至少是当选的政治代表和包括中央银行家在内的公共当局，让资本流动这只精灵摆脱了国内监管这一瓶口。通过这样做，公众或当局被完全"欺骗"了，竟然允许一小部分金融精英掠夺了大量的私人财富，同时给世界带来负债、波动、危机和不平等加剧的负担。

---

① 资本账户可兑换（capital account convertibility），是一个国家金融体制的一个特征，其中心是能够自由地或以国家确定的汇率将本地金融资产交易成外国金融资产。——译者注
② 债券义和团（Bond Vigilantes），指那些抗议能使通货膨胀率上升的货币或财政政策的债券投资人，他们通过卖出债券来提高债券回报率。——译者注

有些姗姗来迟的是，IMF在2016年回应了雷伊和巴格沃蒂教授的观点，并发表了一篇文章来表明要承担部分责任，标题为《新自由主义：言过其实？》(Neoliberalism: Oversold?)。

其中，IMF的工作人员认为：

> 新自由主义，是一个评论家用得最多、而政策制定者用得很少的标签，该议题取决于两个主要条件。首先是增加竞争，通过放松管制，以及将国内市场（包括金融市场）开放给国际竞争者来实现。其次是弱化国家管理的角色，通过将政府处理财政赤字和累积债务的能力给到私人或者加以限制来实现。[13]

当从一个更广泛的多国视角来看，要达到经济不断增长似乎看起来相当困难，该论文认为：

> 不平等加剧的代价非常明显。这些代价就是缩影，体现了新自由主义议题在某些方面对经济增长与公平效应之间无法达到权衡。
>
> 不平等的加剧反过来会伤害经济增长的水平和可持续性。就算经济增长是新自由主义议题的唯一目的或主要目的，该议题的倡导者仍需要关注社会分配的影响。

在许多贫穷的、负债累累的国家，有很多新自由主义经济政策的受害者，对它们来说，这些代价早已不是什么新闻了，但IMF这次的自我坦白，敲响了许多新自由主义学术和媒体机构的警钟，其中就包括颇具威望的《金融时报》。该报的经济政策分析人员攻击了IMF和"它对新自由主义的误判"，宣称迄今为止最重要的"全球经济问题是生产率增长的持续下降"。[14]讽刺的是，许多经济学家认为，导致生产率下降的直接原因是流动资本没有被投资于生产性活动而被投资于投机性活动。而这种现象的出现，恰恰是因为实行了新自由主义经济政策。

关闭投机、流动资本的大门

凯恩斯认识到，在银行货币体系下，不仅不应依赖外资，而且为了管理经济，各国实际上应该关上获得自由流动的国际资本的大门。为此，他主张资本管制：对跨境资本流动征税。资本管制的手段是税收，与外汇管制不同，后者限制的是可在国外获得的本国货币的数量。相反，金融交易税或托宾税①是资本管制的一种形式，是资本流动"车轮上的沙子"。

今天的全球化金融体系错综复杂，与凯恩斯那个年代的情况截然不同。但考虑到这种复杂性，以及考虑到风险评估人员、首席执行官和全球化公司董事会的兼职成员做出错误判断、造成灾难性后果的可能性，当今世界更为迫切地需要一个完善的监管体

---

① 托宾税（Tobin Tax），指对外汇交易征收全球统一的交易税。

系。当然，资本管制的提案常常被驳回，理由是就算管制，资本也能够逃避管制。但如果这么说，那么税收也是如此——然而并没有人争辩说取消税收。反对资本管制的政府和机构，跟那些在过去一直对"热钱"进行控制且以此来实现本国经济目标的政府，往往是同一批。他们相信自己的国家足够强大，能够抵御流动资本的压力，但对全球经济中的"小鱼小虾"、新兴市场和最穷的国家来说，他们未必能抵挡得住。

民主政治自治

资本流动管理的论点基于这样的前提：选举出来的民主政府有责任代表群众的利益，也就是将他们选举出来赋予他们权力的人的利益，而不是那些活跃于全球资本市场上不负责任的金融家的利益，来管理国内经济。如果允许资本充分流动，这将损害国内金融体系和国内利率的管理，因为国际市场中的放贷人会在超出国界范围以外提供更高或更低的利率，这样的利率可能不适合国内的经济条件。

凯恩斯主张控制资本的流动性，因为"国内经济的整体管理，取决于可以自由地制定适当利率，而不用参考世界其他地方的利率"。他在1942年写给R. F.哈罗德（R. F. Harrod）的一封信中写到，资本管制是必然的结果。他继续说道：

资本流动性是旧自由放任政策的重要组成部分，它假定世界各地的利率均等化是正确且可取的。也就是说，它假设，如果促进英国充分就业的利率低于澳大利亚的适当利率，那么就没有理由不允许将整个英国的储蓄投资于澳大利亚（只考虑不同的风险评估），直到澳大利亚的均衡利率已经降到与英国的利率一致。[15]

消除金融对一国货币的控制

凯恩斯也认识到，利用利率来管理汇率的现代做法会损害国内经济，因为中央银行家的职责，就是要专注于国际市场中"强盗贵族"的利益，而不是"制造商"和国内经济出口商的利益。他认为，中央银行应该通过买入和卖出货币来管理汇率，使之达到一个特定的范围，而不是通过操纵和调高利率来吸引外国资本。这既可以让利率政策聚焦于国内利益，同时又能确保汇率安排的稳定性和透明度。

当然，这种管理需要国际合作来实现稳定经济的共同目标。在写作本书时，八国集团政府似乎决心独自行事，抵制任何国际协调或合作的意图。

英国脱欧以及国际合作和协调的需要

要想资本管制发挥作用，稳定国内经济以及全球经济，国际合作至关重要。然而，这种合作受到了接受市场原教旨主义教育的世界领导人的唾弃。所谓"自由世界"的统治者，倾向于将货币、贸易和劳动力市场的国际协调留给"看不见的手"。从这个意义上说，他们与20世纪30年代的领导者无异，那些领导者无耻地把全球经济的责任推给了金本位制这种不切实际的自动化机制。

当今领导人对地缘政治和经济的不负责任，导致的结果显而易见：严重的经济失衡，不平等和政治紧张局势加剧，大国之间的战争威胁，世界某些地区的民族主义甚至法西斯主义的回归。英国2016年6月的脱欧投票，显示出日益增强的民族主义情绪，特别是那些年龄较大的英国人和威尔士工人阶级，他们觉得被全球化"甩在后面"了。[16]我认为，这表达了人们的迫切需求：希望政府保护他们不受市场原教旨主义的掠夺。移民往往既是全球化的受害者，也是货币、贸易和劳动力在市场上不受限制的最明显的证据。人们对移民的敌意越来越大，这不仅发生在欧洲，而且在北美和非洲也是如此。在我看来，这些紧张局势清晰地确认了自由流动的货币、贸易和劳动力以及国际主义失败造成的危险失衡。

国际主义精神和意图的衰落，最明显地体现在德国和希腊两国的分歧和紧张关系中，在建立一个和平统一的欧洲这一雄心勃勃的计划中，他们还是紧密的两个伙伴。然而，世界各地的紧张局势在不断加剧，尤其是在富国和穷国之间，债务国与债权国之间以及国家内部。

眼看着世界似乎要冲向一个充满保护主义和战争威胁的混乱

时代，民主社会怎样才能改变这一灾难性事件的发生呢？我认为，首先，我们必须要求改变我们的金融体系，使金融部门成为仆人，而不是掌握国内经济和全球经济的主人。其次，对资本流动要加以管制，来结束由金融对贸易和劳动力享有的绝对优势所造成的不平衡状态。（在全球化经济中，贸易和劳动力的流动不可避免总是面临着物质、经济和政治方面的重重障碍，但金融几乎畅通无阻。因此，金融对贸易和劳动力来说享有绝对优势。）

除此之外，还存在一个问题：如何管理资本流动。上面概述的资本管制是必不可少的一部分。但对于整个国际金融体系的管理来说，我们需要再次转向凯恩斯，他亲身经历了20世纪30年代。他将自己的人生目标锁定在防止那个时代的经济衰退和灾难性的二战的再次发生。

在1944年的布雷顿森林会议上，凯恩斯提出了一项计划，该计划鼓励团结富国和穷国一起平衡货币、贸易和劳动力的流动。他称之为国际清算联盟，其运作方式与国内银行体系相似。就像银行体系一样，国际清算联盟就是跟中央银行同等的机构：在这种情况下，它是所有中央银行的首领。

这个新的国际清算联盟所发挥的关键作用，将是管理全球各国之间的货币流量，并使用新货币"班柯"（bancor）作为相关货币（换句话说，这是一种中性货币，而不是一种主权货币）。与任何其他中央银行（或甚至普通银行）一样，国际清算联盟将"清算"交易过程中的存款和提款。像任何一家银行一样，国际清算联盟将向债务国提供"透支"额度，使其能够继续交易。然而，它将通过对该国在国际清算联盟的"透支"来收取惩罚性的高利率来使之陷入赤字。

但国际清算联盟与其他中央银行相比，存在一个关键不同点：它也会惩罚有盈余的国家。换句话说，从贸易中累积利润并将这些利润存入国际清算联盟的国家，将被收取盈余的惩罚性利率。

凯恩斯认为这是必要的，因为不平衡是危险的，比如负债的希腊和盈利的德国之间的不平衡。不平衡会导致债务人经济上的失败，并引发政治敌意。因此，为了防止贸易或货币战争，以及军事化的战争，我们必须做出调整以恢复贸易国之间的平衡。然而，在目前的制度下（以及在欧元区内），这些不平衡的调整对于债务人（例如希腊或莫桑比克）来说是强制性的，只有债权人（如德国或美国）是自愿的。如果国家之间的贸易是公平的，并且不会导致紧张局势升级，那么像希腊这样的债务人和像德国这样的债权人，都有必要出于平衡和稳定的考虑来管理他们的贸易。

这一计划的效果将是迫使两国减少进口和出口。他们会把重点放在扩大国内经济上，变得更加自给自足——这样做，同时还可以减少全球运输货物产生的有毒排放物，也有助于恢复生态系统的平衡。

我们可以拍着胸脯肯定，金融部门讨厌这个计划。为什么？因为全球性的流动资本的绝对权力，源于它能够毫不费力地跨越国界，并以最高的利率向需要资金的机构和个人提供贷款。然而，重要的是，这种权力还取决于硬通货的还款能力。所以，尽管金融资本特别渴望借钱给贫穷的国家（因为"次级"贷款利润更高），它还是要考虑能否确保还款的问题。幸运的是，IMF对全球金融部门提供了保护，它以国际债权人的名义担任代理人，并成为各国进入资本市场的守门人，从而提供保护。最重要的是，IMF通过确保债务国调整经济结构，并将其经济转向能获得硬通货的出口产品，以此来实施还款。（国际借款人拒绝接受贫穷国家的货币偿还，例如奈及利亚的奈拉、巴西的雷亚尔、莫桑比克的梅蒂卡尔。）

凯恩斯提议的国际清算联盟将结束国际贸易和金融中经济和社会的不公平体系：一个依赖于贸易不平衡来获取经济收益的体系。国际清算联盟是凯恩斯最伟大的遗产之一，正如爱德华·哈里森（Edward Harrison）所主张的那样，"它会利用市场力量为债务人和债权人消除不平衡现象，激励更大的平衡性"。[17]遗憾的是，这个想法在实施之前，就被时代崛起力量——美国——驳回了。

如果社会要跨越市场原教旨主义意识形态的影响，恢复世界的平衡、稳定，维护世界和平，那么重建国际清算联盟至关重要。

让金融服务于实体经济的一系列政策

在1945—1971年，上文简要概述的大部分政策，把经济引向了成功。在此期间，出于对自己民众利益的考虑，政府对信贷创造、贷款利率、流动资本和汇率进行了管理。这些政策把国家从20世纪20年代金融自由状态转向了对金融部门实施管制的状态，也逐渐放松了富人精英对金融体系和经济的控制。金融管理是布雷顿森林体系在其存续期间（1945—1970）内的基本原则，而那段时期被定义为经济的黄金时代。这些政策反过来又放松了金融资本对社会和民主体制的控制。英国和美国的银行家的权力、地位和威望也大大改变了。正如著名历史学家艾肯格林（Eichengreen）和林德特（Lindert）所说的，这个时代是"国际资本市场平静的黄金时代，是'愿你生活在无聊时代'的祝福的实现"。[18]

凯恩斯主义的货币政策管理着银行体系，以政府的财政政策作为支撑，符合整个社会的利益，确保所有主要利益相关者都能享有更大的蛋糕份额。

然而，在凯恩斯去世后不久，你也能猜得到，他的理论和实际应用被金融部门以及他们在经济学界的朋友所忽视或抹黑。在这一领域，哈耶克主义（新自由主义）和所谓的"凯恩斯主义"经济学派恢复了旧古典理论。这些理论再次表明，储蓄是投资所必需的，银行家只是储户和借款人之间的中间人，等等。最重要的是，古典理论提升了金融资本和资本市场在借贷中的作用，并将确定利率的权力赋予私人金融部门。它是一系列看似合理的幻想的组合，它让富者更富，并系统地取代了更民主的政策和金融管理体系。

换句话说，通过取消政府管理经济的政策和法规，正统经济学家恢复了金融资本的权力，这一权力正是在1929年股市崩盘前资本所行使的权力。然而，现在，权力不仅与那些积累了巨大财富的人有关，也与那些通过贷款获得新收益的人息息相关。通过混淆其业务性质，银行家建立了一种新的专制主义。

今天，中央银行对私人银行（而不是其他借款人）收取的"短期"、"政策性"或"基本"利率持谨慎态度，但并没有影响或控制全部利率，这些由"市场"来确定。因此，整个贷款利率都是被社会化地制定或操控的，操控者正是那些金融资本的仆人，像巴克莱银行后台的"提交者"以及像英国银行业协会那样的银行卡特尔集团。

这样的利率制定，没有考虑广大的工业部门或劳工的利益。

新自由主义理论家和从业者，例如德国央行行长魏德曼（Weidmann）和欧洲央行前首席经济学家奥托马·伊辛（Otmar Issing）虽然意识到了信贷创造的本质，但似乎对银行资金运作了解甚少，甚至故意忽视商业银行在信贷创造方面的作用。[19]这个盲点的存在，容忍和加强了金融资本的权力。这能解释为什么德国央行和欧洲央行的新自由主义经济政策，将欧元区经济置于如此地步，使之受到资本市场的无限制投机、高风险贷款（例如，给希腊的贷款）和高利率的束缚。

但分歧仍然存在。今天的"强盗贵族"享受的令人瞠目的财富，达到了史无前例的地步。而他们投资这些财富所要求的回报利率，使得过去放贷人的高利贷行为，如今看来却毫不起眼。

凯恩斯的能实现充分就业和帮助国家从金融危机中复苏的财政政策，已被列为他唯一的杰出遗产——这是从《就业、利息和货币通论》中提炼出来的。金融资本为破坏我们的民主做了大量努力，这场活动只是其中的一部分。对凯恩斯这一遗产的再次重视，并不足以终结金融的权力，但这却是必不可少的。

第 8 章

我们可以尽己所能
做些什么

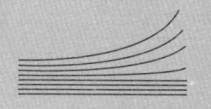

我们如何重建现代银行体系这一公共产品呢？当我们未来在处理气候变化和能源安全的威胁时，如何避免这一公共产品被征用呢？

我的建议如下。首要的是，公众必须对银行货币体系的运作有更深入的了解。知识既威力强大又能赋能于人。如果公众对金融体系有了更广泛的理解，那么当前有缺陷的主流经济意识形态就会被削弱。可悲的是，我们不能指望我们的大学对此有更好的理解。经济部门被"古典"或"新古典"经济学家所占据。这些理论没有坚实的货币理论基础，据此无法制定出适当的政策。此外，大学部门里充斥着微观经济学家，他们钻入经济过程的细节中，并经常孤立地分析它们，然后从这些过程中得出错误的宏观经济结论。

2012年5月，斯蒂芬·切凯蒂（Stephen Cecchetti）在由国际清算银行组织的研讨会上，指出了大多数微观经济模型的核心缺陷：

> 假设我们正在尝试测量海水涨潮和落潮的水位差。我们知道大海里到处都是鱼，所以我们详尽地模拟了鱼的行为，开发了研究鱼的行为和相互作用的复杂模型……这个模型非常棒。但这个模型毫无用处。我们感兴趣的问题是：海水会涨到多高？鱼的行为与此毫不相干。建立微观经济模型，相当于我们将重点放在了鱼上，而我们应该研究的是月球。[1]

微观经济模型是伟大的，但对于我们要达成的目的来说，它们毫无用处。毫无疑问，大多数主流学术经济学家都无法回答英国女王的著名问题："为什么危机没有被预测到？"2007—2009年，许多银行和金融机构被金融海啸淹没，他们的模型一点儿也没预料到这一现象。

随着金融危机在全球蔓延开来，以及经济衰退加剧，许多经济学家仍然对有助于稳定全球经济并缓解人类痛苦的政策辩论置若罔闻。许多人仍然不明白，私人银行体系是如何将债务扩大到天文数字并导致经济崩溃的。中央银行家——"国家财政的监护人"——也向失败主义投降了，放弃为全球银行体系的重组做出任何努力。英国《金融时报》记者罗宾·哈丁（Robin Harding）在怀俄明州的杰克逊霍尔举行的2013年全球央行年会后，提出了令人沮丧的观点：

世界注定要陷入泡沫经济、金融危机和货币崩溃的无限循环中。习惯它吧，至少，这就是世界各国中央银行家所期待的，他们上周都聚集在怀俄明州的杰克逊霍尔，参加由堪萨斯城联邦储备银行主办的年度会议。

他们对国际金融体系的所有讨论，都显示着一个宿命论者对现状的接受。尽管非传统货币政策以及近期金融监管的大幅升级带来了成功，但我们仍无法解决全球经济失衡的问题，这意味着未来会出现新的危机。[2]

鉴于领导者奉行失败主义，当务之急是民众必须来领导。尤其是，社会上有两个交叉的群体，他们的参与对于这些问题的解决至关重要。如果他们在关于货币体系、将离岸资本引回境内的必要性、信贷创造的管理以及对信贷本身的管理和定价等问题的辩论中能发挥带头作用，那么他们将有更好的机会来实现其自身的目标。

第一个群体是女性，第二个群体是环保人士。

首先，对于女性来说，这个问题是重中之重，因为，尽管女性主要负责管理家庭预算，但总体上来说，她们已经被排除在管理国家的金融体系和国家预算之外。令人欣慰的是，随着女性在经济中被任命重要职位，情况正在发生变化。然而，女学生、职业女性、妈妈网（Mumsnet）的用户、商界女性，绝大多数都站在关于货币理论和政策辩论的边缘。目前，金融部门网络的支配权基本上被男性所占据，而且令人震惊的是，这群人往往还有性别歧视。他们对女性持轻蔑态度，还享有不平等的知识分配权力。这并非巧合，而是一种专制，这种专制伤害了绝大多数人，包括男性和女性，而女性处于独特的有利地位，可以挑战这种专制。别的不说，每当金融界朋友说出"任何家庭主妇都会告诉你，你不能花你还未拥有的钱"这句话时，女性就应该挑战他们。我希望我已经表达清楚了，这只不过是一种诡计，目的是掩盖信贷创造的事实，并拉拢中等收入的女性来支持那些为富有而肆意妄为的男性服务的政策。

其次，"没有钱"这句话通常被用来作为搪塞女性的借口。尽管有足够多的钱来拯救银行家，但从来没有足够多的钱来资助女性向社会提供服务；也从来没有足够多的钱来降低世界各地孕产妇和新生儿的高死亡率，以及向女性支付公平和体面的工资，并为工作中的女性提供充足和高质量的儿童保育服务。社会资金的创造和管理，目前在当代女性心中并不占重要地位。但这确实是一个女性主义问题，也是将女性从无偿劳动的奴役中解脱出来的核心。

环保人士是能从参与货币体系的管理中获得好处的第二类人群。我认为，放松管制、不加控制的信贷扩张、消费增加和温室气体增加，它们之间存在直接联系。如果把消费与信贷创造隔离开来，那环保人士永远没法打赢这场战争。昂贵信贷的高回报率，会导致对地球稀缺珍贵资源日益严重的开发，正是因为不明白这一点，环保人士将无法检查出温室气体增加以及物种消耗和灭绝的原因。自由金融与对生态系统的过度开发，这两者之间的联系非常紧密：为了保护生态系统，首先要管理和调节金融体系，这至关重要。

但是只有知识和认知的武装还是不够，我们必须更进一步。我们必须重振我们的政治和民主制度，因为它们是车轮，是立法和监管变革的手段。我们必须明白，如果我们的民主制度被自由化和私有化所挖空，如果我们的政治家被操控或被俘虏，并被剥夺了制定政策和分配资源的权力，那么这并不是偶然发生的，而是金融资本的游说及其对我们所有人产生的影响所导致的结果。

为了挑战金融，我们必须参与重建和加强民主体制的构建；我们必须参加政治辩论和选举，并且大声公开讨论这一对我们的生活有深远影响的问题。

换句话说，我们必须组织起来，并明确我们要实现金融和经济转型的目的，是实现一个更加可持续发展的世界。

我一直认为，要成功挑战金融，劳工和工业部门的联盟很重要。通过将金融置于适当的地位，使之成为服务于生产性实业经济的仆人而不是主人，可以实现劳工和工业部门的共同利益。有人认为，工业的金融化使这两者无法联盟，我不敢肯定这一点，但总会有制造商和创造者，他们对金融家的欺凌行为和食利者资本主义的高昂成本感到不满，他们的不满不亚于任何一个劳工。

至于那些限制金融资本所需的政策，都是已知的，已在前一章中做了简要概述。我们没有必要重新发明轮子，我们不需要社会革命，我们只需要重新掌握对货币和金融知识的理解，实际上这些知识已经在社会上存在了几百年。我们需要改革和调整货币政策。我们需要把离岸资本引回境内。我们可以让时光倒流，然后继续前进。当然，金融界人士及其在媒体、大学和企业界的朋友们会抵制这样做，因为货币改革是他们最担心的事情，他们对此的担心程度，远远超过了对民众占领城市广场来进行反抗的担心程度。抗议如果不带有具体的政策改变或改革的建议，实际上是不会对无形的全球金融体系构成威胁的。

如果通过明智的货币改革政策，我们无法摧毁金融资本的强大力量，那么我担心社会在面临无法偿还的债务、失业和收入下降的多重打击时，会出现病急乱投医，政府所采用的手段将可能是丑陋、混乱、极具破坏性的。

但事情不是非要这样发展的。在这本内容简短的书中，我一直在解释这一点：如果一个社会拥有发达的银行体系，以及拥有维护银行诚信所需的公共机构，那么对于有幸生活在这样的社会中的人来说，永远不会出现资金短缺的情况。

随着稳健货币政策的落实，我们可以确保社会拥有足够的资金，这些资金可以帮经济摆脱对化石燃料的依赖，转向更可持续的能源形式。因为永远不会出现资金短缺的情况，所以我们有能力实现这种转变，同时还能承担起对老龄化人口、年轻人和弱势群体的照顾。我们也一定有能力买得起艺术和音乐界的伟大作品。简而言之，在人类本身和生态系统的局限范围内，我们能承担起所有我们能做的事情。

但是，要想这种巨大的转变能够发生，人们必须对流动资本、货币创造、银行货币和利率有充分和正确的理解，然后再要求改革原有货币体系及恢复一个好的货币体系，使金融从它现在的主人身份中跳脱出来，成为服务于经济的仆人。

　　什么才是货币？满足社会所有需求的货币体系是什么样的？如果对这两个问题都理解到位了，那么所有人——女性、环保人士、工人、生产者、创造者、商人、设计师、活动家、农民等，可以再次带领我们的领导者去做正确的事情。也就是说，我们要采取简单明了的货币改革措施，来将离岸资本置于境内，并打破金融资本对我们所有人的专制权力。

致谢

我非常感谢英国劳工联合会议（TUC）的高级经济学家杰夫·蒂利博士，他还是《凯恩斯的一般理论：利率和凯恩斯主义经济学》（*Keynes's General Theory, the Rate of Interest and 'Keynesian' Economics*，2007）以及《背叛凯恩斯》的作者。杰夫慷慨地分享了他对凯恩斯以及货币理论和政策的广泛认识，并用耐心、智慧和魅力为我指明了学术方向。不过，他无须对本书的任何内容负责。其他许多人也为我揭示了货币理论和政策中的阴暗面，包括维多利亚·奇克教授和斯蒂夫·基恩教授，以及我在新经济基金会的同事托尼·格林汉姆和约什·瑞恩-柯林斯。玛丽·梅勒、玛格丽特·肯尼迪、苏珊·斯特兰奇和伊夫·史密斯都对我的观点有所启发，我非常感谢他们。我从《货币的本质》（*The Nature of Money*，2004）一书的作者杰弗里·英厄姆那里受益良多，这本书对我来说非常重要，它对货币和货币体系进行了清晰地科学分析。

对于我的丈夫,同时也是我最好的朋友——杰里米·史密斯,我也欠下了无法偿还的债。他曾是,也将永远是我日渐凋零的羽翼下的清风。最后,衷心感谢我的经纪人雷切尔·考尔德和我耐心的编辑丹·欣德,以及Verso出版人利奥·霍利斯。他们相信我,也信任我的书,这种信任对于任何一位作者来说都是一种馈赠。

参考文献

前言

1 Mohamed El-Erian in 'The Lehman Crisis: One Year Later', *Fortune*, 28 September 2009.
2 Richard Dobbs, Susan Lund, Jonathan Woetzel and Mina Mutafchieva, 'Debt and (Not Much) Deleveraging', *McKinsey Global Institute*, February 2015, mckinsey.com, accessed 5 June 2016.
3 *New York Times* editorial, 'The Millions Who Are Just Getting By', *New York Times*, 2 June 2016, nytimes.com, accessed 5 June 2016.
4 Rich Miller, 'Risky Reprise of Debt Binge Stars US Companies Not Consumers', *Bloomberg*, 31 May 2016, bloomberg.com, accessed 5 June 2016.
5 Emily Cadman, 'Osborne Welcomes Right Kind of Deflation as Good News for Families', *Financial Times*, 20 May 2015.
6 OECD, 'Policymakers: Act Now to Keep Promises!', *Economic Outlook No. 99*, 1 June 2016, oecd.org, accessed 5 June 2016.

7   Steve Keen, *Debunking Economics, Revised and Expanded Edition: The Naked Emperor Dethroned?* London: Zed Books, 2001, p. xiii.
8   Darren K. Carlson, *Americans Weigh In on Evolution vs. Creationism in Schools*, 2005, gallup.com, accessed 8 June 2016.
9   John Maynard Keynes, *Economic Possibilities for our Grandchildren*, 1930, econ.yale.edu.

第 1 章　信贷权力

1   Michael Hudsen, *Killing the Host: How Financial Parasites and Debt Bondage Destroy the Global Economy*, New York: Nation Books, 2016.
2   Geoffrey Ingham, *The Nature of Money*, Cambridge: Polity Press, 2004.
3   Sir Mervyn King in an interview with Martin Wolf, 'Lunch with the *FT*', *Financial Times*, 14 June 2013, ft.com, accessed 6 June 2016.
4   See Cullen Roche, 'Understanding Why Austrian Economics Is Flawed', *Pragmatic Capitalism*, 10 September 2013, pragcap.com, accessed 3 October 2013.
5   For more on this, see William Keegan, *Mrs Thatcher's Economic Experiment*, London: Penguin Books, 1984.
6   Ibid., p. 208.
7   Jon Ward, 'He Found the Flaw?' verbatim report in the *Washington Times*, 24 October 2008, washingtontimes.com, accessed 6 June 2016.
8   Gillian Tett, 'Silos and Silences – Why So Few People Spotted the Problems in Complex Credit and What This Implies for the Future', *Financial Stability Review*, No. 14, Paris: Banque de France, July 2010, banque-france.fr, accessed 3 October 2013.
9   Karl Polanyi, *The Great Transformation: The Political and Economic Origins of Our Time*, Boston: Beacon Press, 1957, p. 217.

第 2 章　货币的创造

1   Polanyi, *The Great Transformation*, p. 132.
2   Joseph Schumpeter, *A History of Economic Analysis*, Oxford: Oxford University Press, 1954, pp. 114–15.
3   John Law, *Money and Trade Considered with a Proposal for*

Supplying the Nation with Money, 1705, avalon.law.yale.edu, accessed 6 June 2016.
4　Andrea Terzi, 'The Eurozone Crisis: A Debt Shortage as the Final Cause', INET Annual Conference, *New Economic Thinking: Liberté, Égalité, Fragilité,* Paris, 8–11 April 2015. Emphases mine.
5　John Maynard Keynes, 'National Self-Sufficiency', *The Yale Review*, Vol. 22(4), June 1933, pp. 755–69, mtholyoke.edu, accessed 6 June 2016.
6　Michael McLeay, Amar Radia and Ryland Thomas, 'Money in the Modern Economy: An Introduction and Money Creation in the Modern Economy', *Bank of England Quarterly Bulletin*, Vol. 54(1), 2014, bankofengland.co.uk, accessed 6 June 2016.
7　John Maynard Keynes, *The Collected Writings, A Treatise on Money: The Pure Theory of Money*, Vol. 5, Cambridge: Cambridge University Press, 2012 (1930).
8　Andy Haldane speech, 'The $100 Billion Question', *Bank of England*, March 2010, bankofengland.co.uk, 7 June 2016.
9　Laura E. Kodres, 'What Is Shadow Banking', in IMF publication *Finance and Development*, June 2013, Vol. 50, No. 2, imf.org.
10　Alan Greenspan speech, 'Remarks by Chairman Alan Greenspan', American Bankers Association Annual Convention, 5 October 2004, New York, federalreserve.gov, accessed 6 June 2016.
11　Mark Carney speech, 'Fortune Favours the Bold', Lecture to Honour the Memory of The Honourable James Michael Flaherty, 28 January 2015, Dublin, bankofengland.co.uk, accessed 6 June 2016.

第3章　货币的"价格"

1　This section draws on Geoff Tily, *Keynes Betrayed*, London: Palgrave Macmillan, 2010.
2　Charles R. Geisst, *Beggar thy Neighbour: A History of Usury and Debt*, Philadelphia: University of Pennsylvania Press, 2013, p. 7.
3　J. Martin Hattersley, 'Committee on Monetary and Economic Reform, Frederick Soddy and the Doctrine of "Virtual Wealth"', Fourteenth Annual Convention of the Eastern Economics

Association, 1988, nesara.org, accessed 30 September 2013.
4. I am indebted to Margrit Kennedy for use of this chart. Margrit Kennedy, *Interest and Inflation Free Money*, Michigan: Seva International, 1995, kennedy-bibliothek.info, accessed 30 September 2013.
5. Duncan Needham, *UK Monetary Policy from Devaluation to Thatcher, 1967–82*, London: Palgrave Macmillan, 2014, p. 3.
6. I am grateful to Dr Graham Gudgin of Cambridge University for his insights into this period.
7. See Costas Lapavistas, *Profiting Without Producing: How Finance Exploits Us All*, London: Verso Books, 2013.
8. 'The LIBOR Scandal: The Rotten Heart of Finance', *The Economist*, 7 July 2012.
9. Geoff Tily, 'Keynes's Monetary Theory of Interest' in *Threat of Fiscal Dominance?*, Bank for International Settlements, Paper No. 65, May 2012, bis.org, accessed 25 March 2014.
10. Tily, *Keynes Betrayed*, p. 184.

第4章 我们陷入的混乱

1. Margaret Thatcher speech to the Conservative Party, October 1983, margaretthatcher.org/document/105454, accessed 1 October 2013.
2. Bernie Sanders, 'Federal Reserve System: Opportunities Exist to Strengthen Policies and Processes for Managing Emergency Assistance', US Government Accountability Office, July 2011, sanders.senate.gov, accessed 4 October 2013.
3. Mervyn King speech, cited in 'BoE Governor Signals Fragile UK Recovery', Sky News, 21 October 2009, news.sky.com, accessed 4 October 2013.
4. Mervyn King speech to Scottish Business Organisations, Edinburgh, 20 October 2009.
5. Liam Byrne quoted in Paul Owen, 'Ex-Treasury Secretary Liam Byrne's Note to His Successor: There's No Money Left', *Guardian*, 17 May 2010, theguardian.com, accessed 4 October 2011.
6. Rowena Mason, 'George Osborne: UK Has Run Out of Money', *Daily Telegraph*, 27 February 2012, telegraph.co.uk, accessed 4 October 2013.

7   Ed Balls speech, 'Striking the Right Balance for the British Economy', Thomson Reuters, 3 June 2013, labour.org.uk, accessed 4 October 2013.

8   Jeremy Warner, 'Oh God – I Cannot Take Any More of the Austerity Debate', *Daily Telegraph* blog, 11 September 2013, telegraph.co.uk, accessed 3 October 2013.

9   Adam Kucharski, 'Betting and Investment Both Require Skill and Luck', *Financial Times*, 5 May 2016, ft.com, accessed 1 September 2016.

10 OECD, 'Stronger Growth Remains Elusive: Urgent Policy Response Is Needed', *Interim Economic Outlook*, 18 February 2016, oecd.org, accessed 6 June 2016.

11 Richard Koo cited in 'Quantitative Easing, the Greatest Monetary Non-Event', *Pragmatic Capitalism*, 9 August 2010, pragcap.com, accessed 3 October 2013. My emphasis.

12 The following paragraphs are drawn from the second report of the Green New Deal of which Ann Pettifor was a co-author. The Green New Deal Group, 'The Cuts Won't Work', *New Economics Foundation*, 7 December 2009, greennewdealgroup.org, accessed 25 March 2014.

13 Olivier Blanchard and Daniel Leigh, 'Growth Forecast Errors and Fiscal Multipliers', IMF Working Paper, January 2013, imf.org, accessed 6 June 2016.

14 John Maynard Keynes, *The Means to Prosperity*, London: Macmillan, 1933. Published in John Maynard Keynes, *Essays in Persuasion*, The Royal Economic Society, 1972, p. 335.

15 Eric Platt and Jo Rennison, 'US Stock Funds Suffer $11bn Outflows – Redemptions Since the Beginning of the Year Top $60bn', *Financial Times*, 6 May 2016, ft.com, accessed 6 June 2016.

16 Hoisington Investment Management Company, *Quarterly Review and Outlook: First Quarter 2016*, hoisingtonmgt.com, accessed 6 June 2016.

17 Transcript of Eric Holder to the Senate Judiciary Committee, 'Attorney General Eric Holder on "Too Big to Jail"', *American Banker*, 6 March 2013, americanbanker.com, accessed 3 October 2013.

18 Wolfgang Münchau, 'Europe Is Ignoring the Scale of Bank

Losses', *Financial Times*, 23 June 2013, ft.com, accessed 17 September 2013.

第 5 章 阶级利益与经济学派的塑造

1. 本章内容出自我与杰夫·蒂利博士合作起草的论文《我们子孙后代的经济可能性》。论文于 2015 年 11 月 16 日在剑桥的一个活动上发表，该活动是由国王学院政治学会组织的，来庆祝国王学院礼拜堂石雕完工 500 周年。
2. Mervyn King speech, 'Twenty Years of Inflation Targeting', Stamp Memorial Lecture, London School of Economics, 9 October 2012.
3. P. Samuelson, *Economics*, 9th ed., New York: McGraw-Hill, 1973, quoted in Geoffrey Ingham, *The Nature of Money*, Cambridge: Polity Press, 2004, p. 15. My emphasis.
4. Joseph Vogl, 'Sovereignty Effects', INET Conference Berlin, 12 April 2012, ineteconomics.org, accessed 6 June 2016.
5. Michael McLeay, Amar Radia and Ryland Thomas, 'Money in the Modern Economy: An Introduction' and 'Money Creation in the Modern Economy', *Bank of England Quarterly Bulletin* Vol. 54(1), 2014, bankofengland.co.uk, accessed 6 June 2016.
6. John Hobson, *Imperialism: A Study*, London: James Nisbet & Co., 1902, pp. 218–19. My emphasis.
7. C.A.E. Goodhart, 'The Continuing Muddles of Monetary Theory: A Steadfast Refusal to Face Facts', boeckler.de, accessed 6 June 2016.
8. Keynes, *The Collected Writings*, Vol. 5.
9. Mark Carney speech 'One Mission. One Bank. Promoting the Good of the People of the United Kingdom', Mais Lecture at Cass Business School, bankofengland.co.uk, accessed 6 June 2016.
10. John Maynard Keynes, *The General Theory of Employment, Interest and Money*, 1936, marxists.org, accessed 6 June 2016.

11 Josh Ryan Collins, Tony Greenham, Richard Werner and Andrew Jackson, *Where Does Money Come From?* London: New Economics Foundation, 2011.
12 Keynes cited in Geoff Tily *Keynes's General Theory, the Rate of Interest and 'Keynesian' Economics,* London: Palgrave Macmillan, 2007, p. 71.
13 David Smith, *From Boom to Bust,* London: Penguin Group, 1992, p. 5.
14 Ibid., p. 6.
15 For more on 1960s policies for 'growth' see Geoff Tily, 'The National Accounts, GDP and the "Growthmen"', 2015, primeeconomics.org, accessed 9 June 2016.

第6章 应该剥夺银行创造货币的权力吗

1 Mary Mellor, *Debt or Democracy: Public Money for Sustainability and Social Justice,* London: Pluto Press, 2016.
2 Martin Wolf, *The Shifts and the Shocks: What We've Learned – and Have Still to Learn – from the Financial Crisis,* London: Penguin, 2015.
3 See Robert N. Proctor and Londa Schievinger, *Agnotology: The Making and Unmaking of Ignorance,* California: Stanford University Press, 2008.
4 Antoine E. Murphy, *John Law, Economic Theorist and Policy-Maker,* Oxford: Clarendon Press, 1997, p. 51.
5 Mellor, *Debt,* p. 13.
6 'Creating a Sovereign Monetary System', *Positive Money,* 2014, positivemoney.org, accessed 2 June 2016, p. 8.
7 Mellor, *Debt,* p. 69.
8 Ibid.
9 Joseph Huber, 'Sovereign Money in Critical Context: Explaining Monetary Reform by Using Typical Misunderstandings', *Positive Money,* 2014, positivemoney.org, accessed 2 June 2016.
10 John Maynard Keynes, 'An Open Letter to President Roosevelt', 1933, newdeal.feri.org, accessed 2 June 2016.
11 As explained in Jaromir Benes and Michael Kumhof, 'The

Chicago Plan Revisited', IMF Working Paper, August 2012, imf.org, accessed 6 June 2016.
12   Ibid.
13   Ibid., p. 6.
14   Ibid.
15   Ibid., p. 5.
16   Ibid., p. 13.
17   David Smith, *The Rise and Fall of Monetarism*, London: Penguin Books, 1987, p. 13.
18   Ibid., p. 19.
19   Ibid., p. 37.
20   Professor Wynne Godley, in Chapter 19 of Ann Pettifor ed., *Real World Economic Outlook*, London: New Economics Foundation and Palgrave MacMillan, 2003, p. 178. My emphasis.
21   Ben Dyson, Andrew Jackson, Graham Hodgson, 'Creating A Sovereign Monetary System', 15 July 2014, positivemoney.org, accessed 10 June 2016.
22   David Graeber, *Debt: The First 5,000 Years*, New York: Melville House Press, 2011.
23   Ibid., p. 76.
24   Izabella Kaminska, 'When Memory Becomes Money; The Story of Bitcoin so far', *Financial Times* blog, ftalphaville.ft.com, accessed 3 April, 2013.
25   Friedrich A. Hayek, *Denationalisation of Money: The Argument Refined*, London: The Institute of Economic Affairs, 1990.
26   Jonathan Levin, '*Governments will struggle to put Bitcoin under lock and key*', *The Conversation*, theconservation.com, accessed 27 November, 2013
27   Izabella Kaminska, '*How I learned to stop blockchain obsessing and love the Barry Manilow*', *Financial Times* blog, ftalphaville.ft.com, accessed 10 August, 2016.
28   Izabella Kaminska, '*Day three post Bitfinex hack: Bitcoin bailouts, liabilities and hard forks*', *Financial Times* blog, ftalphaville.ft.com, accessed 12 October, 2016.
29   A short Google search reveals that one cosmetic surgery company offers rates of 16.9 percent on loans to finance a 'transformation' in one's looks, transforminglives.co.uk, accessed 6 June 16.

30 See Ulrich Bindseil, *Monetary Policy Operations and the Financial System*, Oxford: Oxford University Press, 2014, p. 84.
31 The Federal Reserve Bank of Minneapolis, *Discovering Open Market Operations*, 1 August 1988, minneapolisfed.org, accessed 2 June 2016.
32 Frank van Lerven, 'A Guide to Public Money Creation', Positive Money, May 2016, positivemoney.org, accessed 2 June 2016.
33 Ibid., p. 19.
34 Ibid., p. 22. My emphasis.
35 Ibid., p 23. My emphasis.
36 Ibid., p. 27.
37 Adair Turner, 'Helicopters on a Leash', *Project Syndicate*, 9 May 2016, project-syndicate.org, accessed 2 June 2016.
38 Ibid., pp. 2–4.
39 From Keynes, 'An Open Letter to President Roosevelt'. My emphasis.
40 Adair Turner, 'Helicopters on a Leash', *Project Syndicate*, 9 May 2016, project-syndicate.org, accessed 26 July 2016.
41 Quoted in Martin Wolf, 'George Osborne's Desire to Cut Spending Makes Little Sense', *Financial Times*, 4 March 2016.
42 International Labour Office, *World Employment and Social Outlook: Trends 2016*, January 2016, ilo.org, accessed 2 June 2016.

第 7 章　驯服金融，恢复民主

1 Massimo Amato and Luca Fantacci, *The End of Finance*, Cambridge: Polity Press, 2011.
2 Polanyi, *The Great Transformation*, p. 217.
3 Paul Trott, '2009 EMF Study on the Valuation of Property for Lending Purposes', European Mortgage Federation, November 2009, law.berkeley.edu, accessed 2 June 2016.
4 Bank of England, 'Trends in Lending: April 2015', bankofengland.co.uk, accessed 2 June 2016.
5 Chart G1.1, 'Bankstats (Monetary and Financial Statistics)', Bank of England, March 2016, bankofengland.co.uk, accessed 2 June 2016.
6 For a detailed exposition of Keynes's liquidity preference

theory, see Tily, *Keynes Betrayed*, Chapter 7.
7 Ibid.
8 Ibid., p. 202.
9 David Stockman 'How The Fed Turned a Flood of Treasury Debt into a Scarcity of Repo Collateral', *David Stockman's Contra Corner*, 14 August 2014, davidstockmanscontracorner.com, accessed on 2 June 2016.
10 Hélène Rey, 'Dilemma Not Trilemma: The Global Financial Cycle and Monetary Policy Independence', National Bureau of Economic Research, May 2015, nber.org, accessed 2 June 2016, p. 311.
11 Ibid.
12 Jagdish Bhagwati, 'The Capital Myth: The Difference Between Trade in Widgets and Dollars', *Foreign Affairs*, Vol. 3, No. 77, May/June 1998.
13 Jonathan D. Ostry, Prakash Loungani and Davide Furceri, 'Neoliberalism: Oversold?', *Finance and Development* Vol. 53, No. 2, June 2016, imf.org, accessed 2 June 2016.
14 *Financial Times* editorial, 'A Misplaced Mea Culpa for Neoliberalism', *Financial Times*, 30 May 2016, ft.com, accessed 2 June 2016.
15 John Maynard Keynes to R. F. Harrod, 19 April 1942, in John Maynard Keynes, *Collected Writings*, Vol. 25, Cambridge: Cambridge University Press, 2012, pp. 148–9.
16 For more on this see Lord Ashcroft Polls, 'How the United Kingdom Voted on Thursday, and Why', 24 June, 2016, lordashcroftpolls.com, accessed 13 October 2016.
17 Edward Harrison, 'The German Current Account Surplus Requires Deficits Elsewhere,' primeeconomics.org, 11 May, 2016 accessed 13 October 2016.
18 Barry Eichengreen and Peter H. Lindert, *The International Debt Crisis in Historical Perspective*, Cambridge: MIT Press, 1991, p. 1.
19 Norbert Häring, 'The Veil of Deception over Money: How Central Bankers and Textbooks Distort the Nature of Banking and Central Banking', *Real-World Economics Review*, No. 63, 2013, paecon.net, accessed 1 October 2013.

第 8 章　我们可以尽己所能做些什么

1. Stephen Cecchetti, 'Comment' in 'Threat of Fiscal Dominance?' *Bank for International Settlements*, Paper No. 65, 2013, bis.org, accessed 4 October 2013.
2. Robin Harding, 'Central Bankers Have Given Up on Fixing Global Finance', *Financial Times*, 27 August 2013, ft.com, accessed 3 October 2013.

推荐阅读书目

Amato, Massimo and Luca Fantacci, *The End of Finance*, Cambridge: Polity Press, 2011.

Akyüz, Yilmaz, *Financial Crisis and Global Imbalances: A Development Perspective*, Geneva: The South Centre, 2012.

Chick, Victoria, *The Theory of Monetary Policy* (Revised Edition), Oxford: Parkgate Books in association with Basil Blackwell, 1977.

Galbraith, J.K., *Money: Whence It Came, Where It Went*, London: Penguin Books, 1975.

Greenham, Tony, and Andrew Jackson, John Ryan-Collins, Richard Werner, *Where Does Money Come From?* (Second Edition), London: New Economics Foundation, 2012.

Helleiner, Eric, *States and the Re-emergence of Global Finance*. Ithaca, NY: Cornell University Press, 1994.

Ingham, Geoffrey, *The Nature of Money*, Cambridge: Polity Press, 2004.

Keen, Steven, *Debunking Economics – Revised and Expanded Edition: The Naked Emperor Dethroned?* London: Zed Books, 2011.

Kennedy, Margrit, *Interest and Inflation Free Money*, Michigan: Seva International, 1995.

Keynes, John Maynard, *The General Theory of Employment, Interest and Money*, Cambridge: Cambridge University Press, 1973.

Lapavitsas, Costas, *Profiting Without Producing: How Finance Exploits Us All*, London: Verso Books, 2013.

Mazzucato, Mariana, *The Entrepreneurial State: Debunking Public versus Private Sector Myths*, London: Anthem Press, 2013.

Mellor, Mary, *The Future of Money: From Financial Crises to Public Resource*, London: Pluto Press, 2010.

Polanyi, Karl, *The Great Transformation: The Political and Economic Origins of Our Time*, Boston: Beacon Press, 1957.

Strange, Susan, *Mad Money: When Markets Outgrow Government*, Manchester: Manchester University Press, 1998.

Tily, Geoff, *Keynes Betrayed: Keynes's General Theory, the Rate of Interest and 'Keynesian' Economics*, London: Palgrave Macmillan, 2007.

Cockett, Richard, *Thinking the Unthinkable*, London: Harper Collins Publishers, 1994.

Daly, H.E., *Economics, Ecology, Ethics*, San Francisco: W.H. Freeman & Co., 1973.

Daly, H.E., *Steady-State Economics*, San Francisco: W. H. Freeman & Co., 1977.

Elliott, Larry and Colin Hines, Tony Juniper, Jeremy Leggett, Caroline Lucas, Richard Murphy, Ann Pettifor, Charles Secrett, Andrew Simms, *A Green New Deal*, London: Green New Deal Group, 2009, greennewdealgroup.org. See also *The Cuts Won't Work*, greennewdealgroup.org.

Galbraith, J.K., *The Great Crash, 1929*, London: Penguin Books, 1992.

Geisst, Charles R., *Beggar Thy Neighbor: A History of Usury and Debt*, Philadelphia: University of Pennsylvania Press, 2013.

Graeber, David, *Debt: The First 5,000 Years*, New York: Melville House Publishing, 2011.

Guttmann, William and Patricia Meeham, *The Great Inflation*, Farnborough: Saxon House, 1975.

Hudson, Michael, *Super Imperialism: The Origin and Fundamentals of U.S. World Dominance* (Second Edition), London: Pluto Press, 2003.

Martin, Felix, *Money: The Unauthorised Biography*, London: The Bodley Head, 2013.

Murphy, Richard, *The Courageous State*, London: Searching Finance, 2011.

Smith, Yves, *ECONNED: How Unenlightened Self Interest Undermined Democracy and Corrupted Capitalism*, London: Palgrave Macmillan, 2010.